KB089588

채용 트렌드
2021

JOB TREND

코로나가 바꾼 일하는 방식의 변화

채용 트렌드 2021

윤영돈 지음

비전코리아

취업과 채용이 정말 어려운 시기입니다. 설상가상으로 코로나19로 인해 앞이 보이지 않는 상황이 계속되고 있습니다. 코로나19와 함께 살아가야 하는 내년은 물론 코로나19 이후에도 이전과는 완전히 다른 세상이 우리 앞에 펼쳐질 것입니다. 그러나 제아무리 어렵다 하더라도 솟아날 구멍은 있습니다. 희망을 갖고 좀 더 적극적으로 미래를 개척해나가는 노력이 필요합니다.

앞이 보이지 않는 어둠에 처할수록 빛이 되어줄 제대로 된 정보와 지식, 가이드라인, 애정 어린 멘토가 필요합니다. 고용시장 환경의 변화, 기업들의 일하는 방식과 채용 트렌드의 변화, 미래 일자리의 변화에 대해 제대로 알아야 합니다.

국내 최고의 HR 전문가인 저자가 《채용 트렌드 2021》을 출간한 것은 그런 점에서 매우 의미가 깊다고 하겠습니다. 코로나19 이후 비대면 문화 시대가 가속화될 것입니다. 코로나19 이전부터 관련 기술은 이미 상당한 수준으로 발전하고 있었는데 실제로는 적용되지 않았습니다. 하지만 앞으로는 훨씬 더 효과적인 다양한 형태의 디지털 트랜스포메이션이 가속화될 것입니다.

디지털 트랜스포메이션이 앞당겨짐으로써 현재를 자각하고 최적의 대처를 하기 위해 노력해야 하는 시기가 우리 앞에 바짝 다가왔습니다. 이런 때일수록 채용 트렌드 변화를 냉철하게 인식하고 신속하게 실행에 옮겨야 합니다.

새로운 일하는 방식, 리모트 워크도 기업들이 신속하게 받아들이고 있으며, 코로나19로 바뀐 비대면 문화도 적응해가고 있습니다. 이 책에서는 상시채용, 비대면 채용, 화상면접, 랜선 라이프, 워라인, 멀티커리어리즘, 젠지 세대, 헬릭스 경영, 프라이빗 이코노미, 시니어 노마드 등 젊은이에서 중장년층 직장인까지 안목을 확장해주는 키워드로 설명되었습니다.

2021년은 비대면 시대이며 통합의 시대입니다. 이제 어느 하나에만 매몰되어서는 일을 잘할 수 없습니다. 망망대해에서 악전고투하고 있는 취업준비생들에게는 희망의 등대 역할을 해주고, 기업 인사 관리자에게는 밀레니얼 세대와 또 다른 Z세대들의 특성과 그들의 욕구를 제대로 파악해 보다 좋은 인재들을 확보하는 데 결정적인 역할을 할 수 있으리라 기대합니다.

이 책이 독자들에게 코로나19 위기를 새로운 기회로 역전시키는 전화위복의 계기가 될 것이라고 확신합니다.

조영탁_휴넷 대표

2021년 채용 트렌드의
지각 변동에 대비하라!

《채용 트렌드 2020》을 처음 세상에 선보인 것이 2019년 12월이었다. 그 후 가장 많이 생각한 것은 "과연 코로나19 이후에 채용시장이 어떻게 변할 것인가?"였다. 《채용 트렌드 2020》에서 예측했던 '채용의 판'이 완전히 뒤집혔다. 아무도 예측하지 못했던 코로나 팬데믹이 상황을 더욱더 가속화했다. 이제 '공채의 종말'이 현실로 다가왔다. 수시채용과 AI채용은 이미 대세가 되었고, 언택트 채용, 화상면접, 온라인 인적성검사, 랜선 채용박람회, 리모트 워크 등이 공공기관을 필두로 대기업, IT기업에서 시행되고 있다. 특히 리모트 워크, 화상면접, 인디펜던트 워커, 헬릭스 경영, 프라이빗 이코노미, 시니어 노마드 등 채용 분야에서 최소 5년 이후에나 실현되리라 예상했던 것들이 급속도로 앞당겨질 것으로 보인다.

코로나19는 우리의 일상을 넘어 채용시장의 판도까지 막대한 영향을 미치고 있다. 국제통화기금(IMF)이 2020년 6월 24일에 발표한 세계경제전망 보고서에 따르면 2020년 세계경제 성장률은 -4.9%로 전망되었다. 한국의 경제성장률은 2020년 -2.1%(4월 대비 ↑0.9%p)로 선진국 중 가장 높고 신흥개도국 평균보다 높은 수준이었다. 선진국 중 유일하게 2021년 말에 코로나19 이전 수준의 GDP를 회복하리라 전망했다. 그러나 이러한 전망은 코로나19 사태가 2021년 하반기에 어느 정도 안정화된다는 전제하에서다. 코로나 팬데믹에 의해 세계 최대 생산 공급 기지인 중국이 마비되면서 글로벌 고용 불안이 주요 소비시장인 미국, 유럽, 일본 등 선진국으로 확대되고 있다.

국내도 글로벌 상황보다 좋다고 이야기하기 어렵다. 인크루트에 따르면 2020년 대졸 신입사원을 '한 명도 채용하지 않을 계획'이라고 밝힌 기업이 코로나19 이전(8.7%)보다 약 2배 이상(19.4%) 늘었다. '채용 여부 자체가 불확실하다'는 기업도 코로나19 확산 전(7%)에 비해 증가율이 3배 이상(25.6%)에 달했다. 채용 규모도 코로나19 이후 44% 줄어든 것으로 확인되었다.

항공·여행업계도 휘청이고 있다. 저비용항공사들은 김포-여수, 광주-양양 등 수익성이 좋지 않아 취항하지 않았던 국내선까지 뛰어들어서 제 살 깎아 먹기를 하고 있다. 면세점업계도 회복 시점이 불투명해서 정부는 대량해고 사태를 막고자 해당 업계를 특별고용지원업종으로 지정했다. 사업주가 해고 대신 유급휴직을 선택하면 관련 수당을 정부가 일부 지원하는 고용유지지원금을 지급해왔으나 코로나19 장기화로 더 이상 버티기 어려운 상황이다.

소비 트렌드에 가장 영향을 받는 서비스업종은 인력 감축, 희망퇴직, 근무시간 단축 등 다양한 형태로 숨통을 조여오고 있다. 당장 외출이 줄어들면서 유통업, 식음료, 숙박업계는 매출이 급감했다. 특히 유통업계는 백화점과 대형마트에서 확진자가 나오면서 임시 휴점이나 조기 폐점으로 매출이 급감하자 임직원 감원까지 이어지고 있으며 몸집 줄이기를 통해 온라인 유통으로 전환하는 추세가 더욱더 가속화되었다. 따라서 유통업계의 대규모 인원 감축이 예고되고 있다. 외식업계는 경기 침체, 1인 가구 증가, 배달음식 증가 등 3중고를 겪으면서 임원진 급여 삭감, 직원 무급 휴가, 감원 등 자구책을 마련하거나 매장을 폐쇄하고 있다. 반면 사회적 거리두기와 함께 온라인 쇼핑, 온라인 수업, 재택근무 등으로 집에 머무는 시간이 늘어나면서 식품이나 생활가전, 컴퓨터 등의 소비는 오히려 증가해 산업에 따라 희비가 엇갈리고 있다.

2021년에는 대규모 고용 쇼크가 이어질 수 있다. 취준생은 고용 절벽에 내몰리면서 취업 포기자까지 속출하고, 아이들과 선생님들은 원격 화상 수업으로 일상의 리듬이 깨지고, 직장인들은 재택근무, 원격근무 등으로 일하는 방법이 변하고 있다.

코로나19 바이러스는 인간의 체중까지 늘렸다. '알바천국'이 회원 824명에게 '코로나19 이후 건강관리'를 주제로 설문조사를 한 결과 52.1%가 올해 들어 체중이 늘었다고 응답했다. 늘어난 몸무게는 무려 평균 4.9kg이다. 몸무게가 늘었다는 비율은 여성이 54.9%로, 남성 44.8%보다 훨씬 높았다. 코로나19를 피하려고 아무 데도 안 가고 집에서 먹기만 해서 살이 '확 찐 자'가 되었다는 유머가 나올 정도다.

이러한 상황에서도 어떻게든 우리는 '일하는 방법'을 찾을 수밖에 없다. 사람들은 쉽게 '불황'이라고 시대를 탓하지만 '호황'을 누리고 있는 곳이 있기 마련이다. 유통업계·외식업계는 불황인 반면 온라인쇼핑업·배달업계는 호황이다.

채용시장의 변화에 따라서 어떻게 인재상과 채용 기준이 달라지는지, 기업에서는 어떻게 일하고 있는지 알아야 한다. 비대면 시대의 상황에 따라 사고방식, 소통방식 또한 변화한다. 감염의 위험 속에서 인재 확보를 위해 블라인드 채용, AI 채용, 화상면접, 랜선 박람회 등 언택트 HR 시스템이 도입되고 있다. 코로나19의 장기화가 예상됨에 따라 '일하는 방식'이 바뀌면서 채용 방식도 달라지고 있는 것이다.

이 책을 쓰는 이유는 그저 취업 예정자들에게 정보를 제공하려는 것이 아니라 채용 트렌드의 흐름과 방향을 정확하게 제시하기 위해서이다. 이 책을 읽으면서 염두에 둬야 할 것은 단순히 개념에 빠지지 말고 현실과 미래를 동시에 살펴보는 것이다. 2021년은 채용 패러다임에 큰 변화가 전망된다. 이제껏 생각했던 것 이상으로 변화의 폭이 클 것이므로 시대의 변화를 어떻게 인식하고 있는가가 중요하다. 2021년 채용 트렌드는 피터 드러커의 말처럼 "10분 뒤의 현실과 10년 후의 미래를 함께 생각해야" 한다. 왜냐하면 우리가 상상한 것이 바로 현실이 되기 때문이다.

우리의 욕망은 동전의 양면과 같다

대면 채용이 기업과 구직자가 직접 얼굴과 얼굴을 맞대고 언어와 비언어적 소통으로 적합성을 알아보는 것이라면, 비대면 채용은 직접 만나지 않고 디지털과 영상 장비 도구를 활용해서 뽑는 것이다.

서류전형에서는 프리스크린(pre-screen)으로 걸러냈지만 면접전형에서는 스크린(screen)을 통해 당락이 결정되는 경우가 많았다. 이전에도 비대면 채용이 있었지만 코로나19 이후에 더욱더 대세가 되었다. 마이크로소프트의 최고경영자(CEO) 사티아 나델라는 "코로나19가 일과 생활 모든 면에 영향을 미치면서 우리는 최근 2개월 사이에 2년 동안 진행될 수준의 디지털 트랜스포메이션이 이뤄지는 것을 목격했다"고 말했다. 만일 코로나19가 없었더라면 이렇게 빨리 비대면 시대가 오기 힘들었을 것이다. 팬데믹으로 인해 비대면 시대가 더욱더 강화되고 있음을 부인하기 힘든 현실이다.

기술이 발달할수록 공감이 중요하다. 미래학자 존 나이스비트는 《메가트렌드(Megatrends)》에서 하이테크(High Tech), 하이터치(High Touch)란 새로운 개념을 소개하며 "고도로 발달한 최첨단 기술 문명이 사회를 지배하는 하이테크 시대에는 오히려 하이터치가 필요하다. 인간이 익명으로 전자통신을 할 수 있게 되면서 점점 더 근접한 비공개 상호작용이 필요하다"고 주장했다. 다니엘 핑크는 《새로운 미래가 온다(A Whole New Mind)》에서 '하이터치'란 다른 사람과 공감하고, 미묘한 인간관계를 잘 다루며, 자신과 다른 사람의 즐거움을 잘 유도해내고, 목적과 의미를 발견하고 추구하는 능력과 관련이 있다고 말한다. 비대면 채용 시대에는 '하이테크'가 더욱더 중요해지겠지만, 그와 함께 '하이터치'도 중요해질 것이다. 무인매장, 로봇카페, 드라이브 스루 쇼핑, 새벽 배송, 배달 서비스, 재택·원격근무, 화상교육, 원격의료 등 비대면 서비스가 새로운 일상으로 자리 잡아가고 있다. 이미 외국계 회사에서는 비대면 채용을 채택하고 있었지만, 한국은 직접 만나서 해결하고자 하는 분위기가 많았으나 이제 그 벽이 깨지는 상황이다. 기술이 첨단화될수록 공감도 섬세해져야 한다. 보이지 않는 상대방을 설득해야 하는 입장에서는 더욱더 공감력이 선택이 아닌 필수가 될 것이다.

비대면 채용 전성시대가 온다

최근 정부가 신산업 일자리 창출 방안으로 '한국판 뉴딜(New deal)'을 내놓았다. 사람 중심 기반 위에 '디지털(digital) 뉴딜'과 '그린(green) 뉴딜' 두 개의 축으로 추진하며, 2025년까지 총 160조 원(국비 114.1조 원)을 투입하고 총 190만 개 일자리를 만들 예정이다. '한국판 뉴딜'이 졸속이라는 비판도 있지만 향후 2~3년간 디지털 인프라를 구축하고 비대면 산업의 일자리를 대거 늘려 고용절벽을 극복하겠다는 구상이다. 차후 정부가 내놓은 일자리 정책을 면밀하게 살펴봐야 긍정적이든 부정적이든 일자리의 파동을 알 수 있다.

2021년 채용 트렌드를 어떻게 읽을 것인가? 《채용 트렌드 2021》을 찬찬히 읽어보면서 우리에게 닥친 위기를 기회로 뒤집을 수 있을지 질문을 던지길 바란다. 이 책은 세상을 읽고, 자신을 읽고, 우리의 미래를 만들어가기 위해 쓰여졌다. 이 책을 통해서 세상을 변화시키는 안목을 가지는 실무자들과 그들을 한눈에 알아보는 리더들이 많아지기를 소망한다. 이제 그동안 우리 곁에 존재했지만 보지 못했던 세계를 맞이할 것이다. 급변하는 고용시장을 민감하게 반영하고 있는 2020년 채용 트렌드를 정리하고 다가올 2021년 채용 트렌드를 예측해보는 것은 산업과 기업의 미래를 내다보는 망원경의 역할을 할 것이다.

2020년 11월

윤코치연구소장

윤영돈

참고문헌

· 기획재정부 국제금융국 국제통화팀, 〈국제통화기금(IMF) 세계경제전망〉 2020. 6. 24
· 박정배, 〈포스트 코로나 올해 기업 신입 채용 계획 21.1%에 그쳐〉 인크루트, 2020. 4. 20
· 알바천국, 〈코로나19 이후 2명 중 1명 체중 늘었다〉, 미디어윌 네트웍스, 2020. 9. 18.
· 존 나이스비트 · 도리스 나이스비트, 《미래의 단서》, 부키, 2018.
· 다니엘 핑크, 《새로운 미래가 온다》, 한국경제신문사, 2012.

part **1**

Why

새로운 '일하는 방식'으로
바뀐다

채용 분야에
급격한 대전환이 온다

코로나19로 가장 조명받는 채용 트렌드는 테크놀로지의 발달로 실현되는 리모트 워크이다. 코로나19가 1년 이상 지속되면서 우리의 삶과 일에 어떤 영향을 주는지를 살펴봐야 한다. 기업 담당자들도 일하는 방식이 바뀌고 있어서 혼돈을 겪고 있다. 채용 트렌드를 알면 조직 변화가 한눈에 들어오고 업무를 수행하기 쉬워진다. 취준생들은 당장 무엇을 해야 하는지 알 수 있다. 위드 코로나 시대, 채용 트렌드는 최소 5년의 미래를 앞당길 전망이다.

Why

|

채용 트렌드는 일시적 유행이 아니라 지속적인 패턴이다

채용 트렌드는 일시적 유행이 아니다. 단순히 취업을 위해서 채용 트렌드를 알아야 하는 것은 물론이고 취업 이후에도 세상의 흐름을 알아야 어떻게 일을 하고 어떻게 성과를 낼지 알 수 있다. 채용 트렌드의 사전적 의미는 '기존과 다른 새로운 방향으로 채용 방식이 변화해가는 경향이나 추세'를 말한다. 넓게는 직업 트렌드(job trend)에서 좁게는 인적자원 트렌드(HR trend)까지 포함된다. 구직자들의 사고, 기술, 태도 등이 변화하는 만큼 기업도 변화해야 하는 것이다. 채용(採用, hiring)이란 '기업에서 필요한 인재를 모집해 골라서 쓰는 과정'을 말한다. 트렌드는 과거, 현재, 미래로 이어지는 하나의 흐름으로서, 일시적 유행과 달리 어느 정도 긴 시간 동안 유지되는 사회 주요 흐름이나 패턴을 의미한다.

트렌드 연구가들은 유행(fad)처럼 단기간에 나타났다가 사라지는 현상과 구분하여 트렌드(trend)를 적어도 5년에서 10년 정도 지속되면서 사회 전반에 영향을 미치는 변화의 흐름으로 정의한다. 트렌드는 특정한 시점에서 하나의 징후로 출발하여 사회·경제·문화의 다양한 영역에서 포괄적이며 동시에 나타나는 현상을 말한다.

채용 트렌드를 읽기 위한 3가지 안목

	메가트렌드 (mega trend)	매크로트렌드 (macro trend)	마이크로트렌드 (micro trend)
초점	직업 트렌드 (Job Trends)	인적자원 트렌드 (HR Trends)	채용 트렌드 (Hiring Trends)
중심	사회 중심 (Society Oriented)	시장 중심 (Market Oriented)	고객 중심 (Consumer Oriented)
내용	전체적으로 사회의 변화에 따른 조망력	시장의 숨겨진 욕구를 찾는 공감력	고객의 미세한 변화에도 빠르게 대처할 수 있는 대응력
욕구	장기적 욕망 (desire)	중기적 욕구 (wants)	단기적 요구 (needs)
시기	10년 이상	5~10년	1~5년
예시	고령화 사회 (Aging Society) 비대면 사회 (Non face to face Society)	액티브 시니어 (Active Senior) 언택터 (Untactor)	안티에이징 제품 (Anti-aging Products) 언택트 솔루션 (Untact Solution)

첫째는 '메가트렌드(mega trend)를 보는 눈'이다. 채용시장을 읽는데 가장 중요한 것은 넓게 보는 조망의 힘이다. 10년 이상 사회적 환경의 변화와 함께 형성된 트렌드가 모여 사회의 거대한 조류를 형성

하게 된다. 존 네이스비트(John Naisbitt)는 이것을 가리켜서 '메가트렌드(megatrend)'라고 칭한다. 사회 중심(society oriented) 메가트렌드는 나라별로 양상이 조금 다르기는 하지만 언제부턴가 전 세계가 공통적인 맥락을 갖는 변화 양상을 띠게 되었으며, 그것이 우리 삶의 모습을 바꾸고 새로운 사회를 구현하는 내재적 힘을 가진다. 메가트렌드는 인구통계학적 변화, 도시화, 기후 변화, 기술 발전 등 다양한 방식으로 다른 분야와 다른 국가에서 다른 계층을 통해 사회에 영향을 준다. 메가트렌드의 대표적인 예가 고령화 사회(Aging Society), 비대면 사회(Non face to face Society)이다.

두 번째는 '매크로트렌드(macro trend)를 보는 눈'이다. 기업이 성장하기 위한 필수조건이 좋은 인재를 선발하는 것이다. 채용 담당자의 욕구는 변화하는 사회에서 잘 적응할 수 있는 인재를 찾는 것이다. 단지 취업 기술만 가르쳐서는 채용 담당자의 욕구를 만족시키기 어렵다. 5~10년 중장기 안목으로 사람들의 숨겨진 욕구를 찾는 공감력이 뛰어나야 한다. 인적자원 트렌드는 라이프스타일의 변화부터 조직문화의 변화까지 꿰뚫어야 한다. 사물인터넷(IoT), 빅데이터, 스마트홈, 인공지능(AI) 등 매크로트렌드가 메가트렌드 IT 기술의 발전을 견인한다. 물론 기술만이 아니라 고객을 이해해야 한다. 사람을 알고자 하면 그 사람이 있는 온·오프라인 공간을 찾아가야 한다. 앞으로는 비대면 방식의 교육, 채용, 소통 등으로 '언택터(Untactor)'가 등장할 것이다. 언택터란 부정형 접두사 'un'에 연결을 뜻하는 'contact', 사람을 뜻하는 'or'이 결합된 신조어로 비대면에 익숙해져서 화면으로 볼 때는 잘하는데 화면으로 보지 않는 것에는 소홀한 사람을 지칭한다. 매크로트렌드의 대표적인 예가 액티브 시니어(Active Senior), 언택터(Untactor) 등이다.

세 번째는 '마이크로트렌드(micro trends)를 보는 눈'이다. 비즈니스는 시장의 흐름, 날씨, 온도 등 미묘한 변화에 기민하게 대응해야 한다. 마이크로트렌드는 1~5년의 단기적 의미만으로 한정되는 것이 아니다. 지나치게 넓은 관점보다 일부러 좁은 지역이나 특정 계층에 한정되어 미시적 시각으로 고객의 요구(needs)를 세밀하게 살펴야 한다. 《마이크로트렌드X》의 저자 마크 펜은 "이제 더 이상 메가트렌드나 전 세계적인 경험만으로 세상을 이해할 수 없다. 오늘날의 분파적 사회에서 성공적으로 움직이려면 서로 엇갈린 방향으로 빠르고 격렬하게 나아가며 성장하고 있는 열성적인 주체성(identity) 집단을 이해해야 한다. 그것이 바로 마이크로트렌드이다"라고 주장한다. 마이크로트렌드는 지배적인 트렌드가 아니다. 이제 마이크로트렌드는 기성복이 아니라 맞춤복이다. 가장 놓치기 쉬운 안목이 바로 마이크로트렌드이다. 내 주변에서 일어나고 있는 사소한 일들을 평소에 주의 깊게 봐야 한다. 언택트 솔루션 업체의 주가가 이미 많이 오른 이유도 여기에 있다. 마이크로트렌드의 대표적인 예가 안티에이징 제품(Anti-aging Products), 언택트 솔루션(Untact Solution) 등이다.

3가지 안목 가운데 현재를 살아가는 데 가장 필요한 것은 뭐니 뭐니 해도 마이크로트렌드를 보는 눈이다. 메가트렌드와 매크로트렌드가 가장 광범위하게 영향을 미치지만, 마이크로트렌드는 사소한 변화를 놓치지 않음으로써 위험한 상황에서 벗어나 기회로 바꿀 수 있다. 채용 트렌드는 결코 장밋빛일 수 없다. 잠재적 위험과 기회를 포착하기 위해 채용 트렌드를 알아야 하는 것이다. 결국 채용 트렌드는 '일하는 방식'의 욕망이다. 채용에서 3가지 안목을 가질 때 거시적으로 바라보면서 미묘한 흐름의 변화를 감지할 수 있다. 높이 날아오르는 새가 멀리 보고 먹잇감을 포착할 수 있다.

《채용 트렌드 2020》에서 주목한 주요 키워드는 블라인드 채용 확산, 수시채용의 물결, AI 채용 전성시대, 워라밸보다 워라하 시대, 긱 워커의 급증, 밀레니얼 세대의 채용 전략, 애자일 조직문화의 확산, 젠더 감수성, 고령사회의 액티브 시니어 등이었다. 9가지 키워드를 종합해보면 우리 사회를 관통하는 3가지 흐름을 파악할 수 있다.

첫째, 채용 분야에 급격한 대전환의 움직임이 두드러졌다. AI 채용, 수시채용, 블라인드 채용 확산, 긱 워커의 급증 등이 확산됨에 따라 인공지능 관련 산업이 부각되고 있다. 일자리는 기존 사양산업에서 첨단산업으로 넘어가고 있으며 노동의 질과 양극화도 더욱더 심화되고 있다.

둘째, 밀레니얼 세대가 늘어남에 따라 채용 전략도 달라졌다. 이전 세대가 밀레니얼 세대에게 배우는 역멘토링이 등장할 정도로 애자일 조직문화로 급변하고 있다. 연봉보다 직무 분야를 우선시하고, 개인의 성장 욕구가 강한 밀레니얼 세대를 어떻게 조직에 안착시킬 것인가 하는 것이 화두가 되고 있다.

셋째, 단순한 일자리를 넘어서 삶의 가치관이 변화하고 있다. 개인의 일과 삶의 균형을 추구하는 워라밸보다 일과 삶의 조화를 이루는 워라하 시대로 바뀌고 있다. 채용시장에서는 젠더 감수성을 요구하고 있으며, 앙코르 시니어를 꿈꾸는 세대가 생애 설계까지 전직에 대한 니즈가 증가하고 있다.

01 비대면 시대의 대안, '블라인드 채용'

공공기관에서 블라인드 채용이 시작된 것은 2017년부터였다. 2019년 7월부터 '블라인드 채용법'이 시행된 이후 과연 어떻게 달라졌는가? 우선 지원자의 개인정보를 묻는 것 자체가 불법이 되었다. 잡코리아에 따르면, '블라인드 채용 현황' 설문에 참여한 구직자 중 26%가 '입사지원서에 인적 사항이나 출신 학교 등을 표기하지 않는 블라인드 채용 기업에 지원한 적이 있다'고 응답했다. 반면 74%는 '없다'고 답해 10명 중 7명이 넘는 구직자들은 여전히 취업 활동을 하는 과정에서 스펙의 벽을 느끼고 있는 것으로 나타났다. 블라인드 채용법을 도입한 지 1년 정도 지난 현시점에서 블라인드 채용법에 대한 구직자들의 평가는 5점 기준에 평균 3.2점 정도로 조사됐다. 블라인드 채용이 잘되고 있는지 철저한 점검이 필요한 시점이다.

개정 법안에 따르면 기업은 용모 · 키 · 체중 등의 신체적 조건, 출신 지역 · 혼인 여부 · 재산, 직계 존비속과 형제자매의 학력 · 직업 · 재산 등 구직자의 개인정보를 요구할 수 없다. 한국전력공사의 경우

자기소개서를 쓸 때도 성명, 수험번호, 성별, 출신 학교, 이전 직장명, 가족관계 등 개인 식별정보의 노출을 금지하고 있다. 또한 블라인드 채용 방침을 면접전형에도 적용하고 있어서 자기소개서를 쓸 때와 같이 개인 식별정보를 은연중에 말해서도 안 된다. 경력 사항과 관련된 기관이나 직장명 또는 학교명도 안 되고, 한전 관련 경력 사항에도 사명 외에 본부명, 지사명, 지역명 등을 노출해서는 안 된다. 단, 부서, 전공, 학과, 산업 분야 등에는 제한이 없다.

합격 기준은 계속 변화하고 있기 때문에 수시로 체크해야 한다. 처음에는 객관적인 스펙을 보지 않고 과연 우수한 인재를 가려낼 수 있겠냐는 회의적인 분위기였다. 하지만 실제 채용을 해본 기업 담당자들의 말을 종합해보면 블라인드 채용에서 뽑은 인재일수록 더욱더 적극적이며 쌍방향 커뮤니케이션에 능한 것이 강점이라고 한다. 게다가 채용 비리를 막는 데도 적지 않은 기여를 하고 있는 블라인드 채용이 어느새 우리 주변에서 메가트렌드로 공고히 자리 잡았다.

정량화된 지표의 스펙에서 벗어나 정성적인 지표로 차별화된 인재가 되기 위해서는 관련 질문에 대한 철저한 준비가 필요하다. 혁신적인 내용이 아니더라도 자기소개서에 나타난 핵심 메시지와 구체적 사례, 면접 태도까지 면접관들이 눈여겨보고 있다는 것을 명심해야 한다. 블라인드 채용에서는 직무 관련 지식과 경험, 경력이 매우 중요하다. 기존 학벌이나 인맥으로 얼룩져 있던 채용 문화에 활력소 역할을 톡톡히 해내고 있다.

기획재정부, 행정안전부, 고용노동부, 국민권익위원회, 인사혁

신처 등은 2020년 5월 27일에 개최된 '제2차 공공기관 공정채용 협의회'에서 채용 전형 다양화 및 세분화로 채용 절차 진행의 어려움이 증가하여 기능이 유사한 공공기관의 필요 인력 통합 채용 도입을 추진하기로 했다. 주요 내용은 블라인드 채용 이행력 제고 방안, 공정 채용 컨설팅, 통합 채용 제도 도입 방안, 채용위탁 관리 방안, 외부 위원 POOL 지원 등이다. 이를 통해 채용 업무 중복 제거, 소요 경비 절감, 채용 비리 근절 등 채용 업무 효율성을 증대할 예정이다. 1,485개 공공기관을 대상으로 한 정부 합동 채용 비위 전수 실태조사도 벌이고 있다. 2021년은 비대면 채용이 강화되고 있어서 시뮬레이션이 더욱더 중요해지고 있다.

02 공채의 종말을 앞당긴 '수시채용'

2020년 수시채용이 공채를 앞질렀다. 포스코, SK, KT, 현대자동차는 직접적으로 수시채용을 채택하였고, LG도 정기공채를 사실상 폐지한다고 밝혔다. 인크루트가 530개 상장사를 대상으로 대졸 신입사원 채용 방식을 조사한 결과에 따르면 2020년 하반기 수시채용을 계획 중인 기업은 무려 41.4%였다. 반면 신입 공채를 계획한 기업은 39.6%였다. 처음으로 수시채용 비율이 공채 비율을 앞선 것이다. 공채 비율을 줄이는 이유에 대해서는 '공채보다 수시채용이 효율적이라고 판단(32.8%)', '경영 환경 변화로 신입보다 경력직을 우선 선발(32.8%)', '코로나19 여파로 공채 선발을 진행할 여건이 안 된다(27.4%)

등으로 답했다.

코로나19로 대규모 채용이 어려워진 데다 실무 능력을 갖춰 즉시 활용 가능한 인력을 뽑고자 하는 기업들이 늘고 있다. 2020년 취준생들의 마음을 더욱더 졸이게 한 것이 수시채용이었다. 수시채용은 필요할 때마다 인재를 즉시 채용하는 방식으로 이는 결원이나 소수 인력 채용에 적합하다. 직무 요구 사항에 적합한 인재만 뽑겠다는 개인 직무 적합성(Person-job Fit)을 의미한다. 정기공채가 사람을 먼저 뽑고 나중에 직무를 배치하는 방식이었다면 수시채용은 필요한 직무에 맞는 우수 인재를 채용하기에 유리한 방식으로 필요한 시점에 필요한 만큼 뽑을 수 있고 채용 비용이 적게 든다는 장점이 있다. 사람 중심의 인사관리가 직무 중심의 인사관리로 변화하고 있음을 알 수 있었다. 카카오, 네이버 등 IT 기업 특성상 공채보다 수시채용이 효과가 높다.

기업 환경이 수시로 변하는 상황에서 범용형 인재보다 직무형 인재로 인재상이 전환되었다. 현대자동차그룹 면접에서는 직접적인 현업 상황을 제시하고 구체적인 해결안을 제시하라는 내용으로 바뀌고 있다. 우수 인력을 대거 뽑는 '그물형 채용' 방식에 한계를 느껴서 부서의 특수성에 맞는 인력을 그때그때 뽑는 '낚시형 채용' 방식으로 큰 패러다임이 바뀌는 시점이다. 반면 공채보다 수시채용으로 전환하면서 채용 규모가 작아질까 걱정하는 목소리도 있다. 2021년은 취업문이 더 좁아진 데다 수시로 바뀌는 상황에서 구직자들은 채용 방식의 진화에 대해 더욱더 철저하게 준비해야 한다. 수시채용은 이제 상시채용과 함께 반드시 알아야 하는 하나의 큰 흐름이다. 머지않아 '공채의 종말'이 선언될 전망이다.

03 스펙보다 역량을 판단하는 'AI 채용'

2020년 AI 채용은 한국가스공사, 한국토지주택공사 등 주요 공공기관들과 롯데, CJ, LG유플러스, SK브로드밴드, SK하이닉스, BGF리테일, JW중외제약, 한미약품, 일동제약, KB국민은행, 기아자동차 등 약 400개 기업이 도입하고 있는 것으로 파악된다. 2021년에는 AI 채용과 화상면접이 한국의 대표 키워드로 자리 잡을 것이다.

AI 채용이 확산되는 이유는 높은 효율성이다. 매년 신규 채용에 수많은 지원자가 몰리는데, 지원 서류를 모두 검토하려면 상당한 시간과 인력이 필요하다. 하지만 빅데이터 중심으로 비교 검증하는 AI를 활용하면 인간보다 빠르게 검토할 수 있다. AI 채용에서는 지금까지 공개된 논문과 문헌, 기존 합격자의 자기소개서 등과 비교해 지원자의 자기소개서 문장이 30% 이상 일치하면 표절로 잡아내기 때문에 주의해야 한다. 카피킬러(www.copykiller.com)에서 무료로 간단한 검사를 할 수 있다. 2018년 하반기에 직무 적합성 분석까지 확대되면서 마이다스아이티에서 AI 면접으로 불렸던 'inAIR(www.midashri.com)'가 2019년 9월 30일에 'AI 역량검사'로 이름이 바뀌었다. AI 면접보다 AI 역량검사가 더 적합하다는 의견을 반영했다고 한다. 1단계(지원자 확인 접수 + AI 역량검사), 2단계(인성검사 + AI 역량검사), 3단계(직무적성검사 + AI 역량검사), 4단계(문화적성검사 + 대면면접 시 AI 역량검사

참고) 도입에도 방법이 다르다. AI 역량검사는 뇌신경과학, 생물학, 심리학 등을 기반으로 재직자의 성과 데이터를 학습해 지원자의 역량이 해당 기업문화와 직무에 얼마나 적합한지를 보여준다.

AI 채용은 질의응답, 성향 체크, 역량게임 등 다양한 형식으로 진화하고 있는데 취준생들에게 부담감으로 다가오고 있다. 질의응답은 처음 30초 안에 자기소개서를 하라고 하면서 갑자기 화면에서 초침이 돌아가기 시작한다. 문항당 한 번 재답변 기회가 주어진다. "단톡방에서 계속 껄끄러운 이야기를 하는 친구에게 뭐라고 답변할 것인가?"와 같은 특정 상황에 대한 반응을 묻는 질문이 나오기도 한다. 지원자들이 가장 어려워하는 '역량게임' 단계다. 게임을 못해도 된다. 10가지 게임을 해야 하는데, 언뜻 보면 추리력이나 순발력을 평가하는 과정 같지만 사실은 우리의 무의식 속에 있는 의사 결정 패턴과 집중력 변화 패턴을 보는 것이다. 전략게임은 지원자가 주어진 자극에 어떻게 반응하는지를 보면서 그 사람의 기질을 측정한다. 게임이 끝나면 심층 대화가 이어진다. "인생에서 가장 중요한 순간은 언제였나요?" "그 순간이 없었다면 당신의 인생은 어떻게 달라졌을까요?" 이 문답을 끝으로 1시간 정도 검사가 종료된다.

AI 면접은 시각 인식 기술(Visual), 음성 인식 기술(Vocal), 언어 인식 기술(Verbal), 생리적 데이터 측정 기술(Vital) 등을 통해 답변하는 지원자의 얼굴과 음성을 카메라로 촬영하고 분석한다. 얼굴에서 68개 지점의 변화를 포착해 안면근육의 움직임을 분석하고 발성 시간, 속도, 소리 크기 등 음성 파형을 추출하여 분석한다. 지원자의 얼굴 근육과 색상의 미세한 변화를 탐지하고 혈류량과 맥박 등 생리적 데이터를 통해 지원자의 정서 상태나 속임수 등을 측정한다. 지원자의 목소리 톤, 크기, 쉼, 음색, 속도 등을 분석해 지원자의 말투와 어조, 표정, 주요 감정 표현, 면접의 신뢰도를 확인할 수 있다. 외모는 AI 면접의 평가 대상이 아니다. 하지만 대부분의 인사담당자가 재확인하기 때문에 단정할 필요는 있다. 영상이 밝으면 환한 인상을 줄 수 있으니 어둡지 않도록 조명에 신경 써야 한다. 목소리 톤이 중요한 분석 요소인데 목소리가 잠길 수 있으니 생수를 준비하는 것도 좋은 방법이다. 헤드셋이나 이어폰을 끼고 보는 것이 유리하다. AI 채용이라고 긴장할 필요는 없다. 기존에 했던 면접 방식과 크게 다르지 않다. 서류전형, 면접전형에 AI 채용의 특성을 이해하고 자신만의 목소리로 이야기를 해야 한다. 편안하게 면접에 임하기 위해 최대한 안정된 통신 환경에서 AI 채용에 대비해야 한다.

2014년 아마존에서 AI 채용 프로그램을 개발해오다가 내부에서 여성 차별 문제가 불거지자 아예 폐기한 사례가 있다. AI 채용 프로그램이 '여성'이라는 단어가 들어가거나 심지어 동호회 활동에 '여성 체스 클럽' 같은 단어가 포함돼 있으면 채용 대상에서 배제한 것이다. 이와 같은 AI 채용의 윤리적 문제점은 좀 더 보완해야 할 부분이다. 영국 런던에서는 AI 면접을 도와준다면서 구직자들에게 고액을 받는 AI 전용 족집게 과외 사업까지 등장하기도 했다. 아직도 AI 채용에 대해 "채용 기준이 뭔지 모르겠다", "또 다른 스펙 쌓기용" 등의 논란이 많다. 국내에도 AI 채용과 관련하여 고가의 강남 학원 과외, 모의 면접 앱이 쏟아지지만 신뢰도는 알 수 없다. AI 채용은 서류 검토, 인적성검사, 역량검사 등 역량 위주로 개편되고, 면접은 화상면접 솔루션 쪽으로 나눠질 전망이다.

04 현재가 더 중요한 '워라하' 시대

직장인들에게 이상적인 모델로 주목받던 '워라밸(Work-Life Balance)'이 시들해지고, 2020년에는 삶과 일의 조화를 추구하는 '워라하(Work-Life Harmony)'가 새로운 트렌드로 부각되었다. 아마존의 CEO 제프 베조스는 "일과 사생활은 대립 관계가 아니라 상호 보완적인 관계이며, 일과 사생활은 보다 포괄적이고 거시적인 관계여야 한다"고 했다. 일과 삶의 조화를 이루는 가장 효과적인 방법 중 하나는 생계를 위해 지금 하는 일에서 의미를 찾고 즐기는 것이다. 이는 워라밸에서 워라하로 옮겨 가는 첫걸음이다. 덴마크의 수도 코펜하겐은 보건복지부에서 시범적으로 운영하던 유연근무제를 공무원 1만 명에게 단계적으로 적용하고 있다. 덴마크 사람들은 일상에서 '휘게(Hygge)'를 추구한다. 휘게란 우리말로 '안락함'을 뜻한다. 가족이나 친구와 함께 또는 혼자서 보내는 소박하고 여유로운 시간, 일상 속의 소소한 즐거움이나 안락한 환경에서 오는 행복을 의미한다. 스웨덴은 우리와는 다른 '회식 문화'를 가지고 있다. 우리는 보통 퇴근 후에 회식을 하지만 스웨덴은 근무 시간에 회식을 한다. 보통은 '피카(fika)'라고 불리는 커피 타임을 가진다. 사소한 영역에서 자신의 안락함을 추구하는 것이다.

2025년이 되면 전체 노동인구 중 밀레니얼 세대의 비중이 70% 이상이 될 것이다. 밀레니얼 세대의 특징으로는 경제 불황기 속에 성장한 경험이 있어 불확실한 미래보다는 현재의 만족을 더 추구한다는 점이다. 반면 재미를 추구하고 욜로족처럼 현재의 삶에 충실하기도 한다.

팬데믹이 장기화되면서 집의 의미가 주거공간에서 '편안함과 안락함을 주는 공간'으로 확장되고 있다. 급변하는 외부 환경에서 정서적 안정을 얻을 수 있는 공간은 '결국 내 집뿐'이라는 인식이 강해지고 있다. 점차 주거공간을 보다 쾌적하게 개선하려는 사람들이 늘고 있다. '집'이라는 공간에서 낭비나 방전이 아니라 충전과 성장의 시간을 찾고자 하는 것이다. '집'이 제1차 공간이라면, '직장이나 학교'는 제2차 공간이다. 사회적 거리두기로 인해 집은 재택근무하는 사무실, 온라인 수업이 펼쳐지는 교실로 재탄생했다. 세상에 완벽한 균형이란 없다. 일과 삶을 어떻게 조화롭게 만드느냐가 중요하다. 직장과 가정의 균형을 찾기보다는 일과 삶의 조화로 옮겨 가야 한다. "내가 지금 하고 있는 일에 현재 집중하고 있는가?"라고 자문해야 한다. 2021년은 일과 생활이 하나로 뭉치는 한 해가 될 것이다. 일과 생활을 어떻게 통합해가는지 워라인(Work-Life Integration)이 필요한 시점이다.

05 연봉보다 직무를 선호하는 밀레니얼 세대

요즘 채용시장의 가장 큰 화두는 밀레니얼 세대다. 기업은 밀레니얼 세대가 선호하는 채용 전략을 채택할 필요가 있다. 밀레니얼 세대는 1981년부터 1996년 사이에 태어난 세대를 일컫는데 이 세대는 모바일 기기의 발달로 인터넷과 소셜네트워크서비스(SNS)가 급속도로 확산된 시기에 성장했다. 하나금융연구소에 따르면 2025년에는 밀레니얼 세대가 노동인구의 83.2%를 차지할 전망이다. 앞으로는 밀레니얼 세대가 잘 적응할 수 있는 조직으로 변할 수밖에 없다. 한국의 밀레니얼 세대들은 이전 세대와는 달리 취업난을 뚫고 어렵게 입사한 직장을 자발적으로 퇴사하고 있다.

밀레니얼 세대를 위한 채용 전략 5가지를 기억할 필요가 있다.

첫째, 수직적 조직문화에서 수평적 조직문화를 만든다. 즉흥적이고 자유로운 의사소통에 익숙한 밀레니얼 세대는 '시키면 시키는 대로 하라'는 수직적 조직문화를 불편하게 느낀다.

둘째, 대면 소통보다 비대면 소통을 한다. 밀레니얼 세대는 얼굴을 마주 보고 이야기하는 것보다 SNS로 대화하는 것에 익숙하다.

셋째, 투명성을 유지해서 공정성을 확보한다. 밀레니얼 세대는 착한 기업을 선호한다. 밀레니얼 세대는 유명 브랜드가 아니라 독특함에 이끌린다. 소셜미디어에 익숙한 이들은 SNS에 올린 글 하나로 브랜드 전체를 무너뜨릴 수 있다.

넷째, 재택근무와 원격근무를 하더라도 사생활을 중요하게 생각한다. 지나치게 사생활이 깨지지 않도록 주의해야 한다. 밀레니얼 세대는 자신의 소중한 시간을 빼앗기는 것을 좋아하지 않는다. 서로 시간을 지켜서 일과 삶의 균형을 만든다.

다섯째, 연봉 이외에 비금전적 보상을 원한다. 밀레니얼 세대는 돈보다 가치와 의미를 추구한다. 연봉으로 밀레니얼 세대를 설득하기는 어렵다. 직책과 상관없이 자신을 필요한 존재로 인정해줘야 한다. 2021년은 Z세대가 신입사원으로 등장하는 시기로 그들을 어떻게 조직에 안착시키느냐가 중요하다.

06 급변하는 노동시장에서 '긱 워커'의 급증

2020년 채용시장에는 '긱 워커' 열풍이 거세게 일었다. 경기연구원(GRI)의 분석에 따르면 비정규직 노동자 중 플랫폼 노동자와 유사한 고용 형태를 가진 파견, 용역, 특수형태 노동자 등은 207만 명이다. 이는 전체 비정규직 노동자의 약 31%를 차지하는 수준이다. 이미 직장을 갖고도 플랫폼을 통해 일하는 'N잡러'까지 포함하면 플랫폼 노동으로 수익을 얻는 사람은 이보다 훨씬 많을 것으로 예상된다.

배달의 민족, 요기요, 배달통 등 배달주문 중개 앱들이 등장한 이후에도 서비스가 계속 세분화되면서 배달 대행 및 배달인력 중개업까지 등장한 상태다. 스마트폰 시대에는 물건처럼 사람의 노동도 실시간으로 거래된다. 이제는 대리운전 호출 서비스인 '카카오드라이버'를 통해 대리기사를 호출하는 일도 자연스러워졌다. 지난 2016년 등장한 카카오드라이버는 학생과 직장인 누구나 대리운전으로 돈을 벌 수 있는 환경을 만들었다. 대리운전에 필요한 조건은 운전면허증 정도이지만, 실제로 영업을 하기 위해서는 콜센터 콜을 연결받을 수 있는 프로그램 사용 등 고정비용이 든다. 카카오드라이버 출범 이후 전체 대리기사 수는 기존 15만 명에서 20만 명까지 증가한 것으로 추산된다. 이 중 약 12만 4,000명이 카카오 플랫폼에 가입했다.

국내 최대 전자상거래 기업 쿠팡은 로켓배송으로 유명하다. 쿠팡은 아마존플렉스를 본떠 2018년 쿠팡플렉스라는 전혀 새로운 방식의 배송 서비스를 선보였고, 누적 30만 명 이상이 배송기사로 등록했다. 2012년 설립된 전문가 연결 플랫폼 크몽(Kmong)은 마케팅, 디자인, 프로그램 개발 등 다양한 분야의 전문가 15만 명을 보유하고 있다. 초기에는 콘텐츠, 디자인 범주의 비중이 가장 높았으나 최근에는 IT, 상담 범주의 비중이 늘어나면서 누적거래액 700억 원을 돌파했다.

정규직을 창출하기 힘든 상황에서 우리나라에서도 긱 워커는 점점 더 늘어날 전망이다. 하지만 미흡한 제도로 인해 사각지대에 남을 수 있다는 문제도 있다. 플랫폼 노동자는 '개인사업자'로 분류되어 노동법의 적용을 받지 못한다. 2019년 9월 미국 캘리포니아는 고용법을 개정해 개인사업자로 분류해온 차량공유업체 운전기사를 근로자로 바꾸기로 했다. 논란이 있지만 긱 워커는 점차 인디펜던트 워커로 발전될 전망이다.

07 유연하고 신속한 애자일 조직문화의 확산

2020년 한국 기업문화에도 애자일 방식이 거세게 등장했다. LS그룹, 현대산업개발, 삼성SDS, 카카오, 쿠팡 등이 애자일 방식을 도입했고, 오렌지라이프, KB국민카드, 신한금융그룹, KEB하나은행, IBK기업은행, 현대카드 등 금융권으로 확대되었다. SK는 2,200여 명의 9개 계열사 직원들이 어떤 자리에서도 일할 수 있게 자율좌석

제 공유 오피스로 변경했다. 이는 부서 간 경계를 허물고 작은 팀을 구성해 업무를 진행하는 애자일 조직으로 개편한다는 의미다.

애자일은 일단 시도하는 일에 가치를 두기 때문에 카카오는 시행 착오를 과감히 용인한다. 이렇게 되기까지 카카오뱅크도 '2전 3기'를 거쳤다. 전통적인 금융회사였다면 결제와 송금, 은행 기능을 다 합친 슈퍼 앱을 만들었을 것이다. 하지만 카카오는 실패에서 얻은 교훈에 따라 직관적인 사용자 경험(UX, User eXperience)에 초점을 맞춘 가벼운 전략을 택했고, 이것이 카카오뱅크 성공 비결이 됐다. 카카오는 조직 운영 방식이 유연하기로 정평이 나 있다. 짧게는 일주일에 한 번씩 조직 개편이 이뤄진다. 개발 방향이 정해지자마자 태스크포스(TF)를 만들고 부서 간 협조를 구하기 위해 보고를 하거나 결재를 받을 필요 가 없으니 자연스럽게 기간이 단축됐다.

삼성SDS도 애자일 조직문화를 가진 대표적 기업으로 손꼽힌다. 일찌감치 2007년부터 소규모 프로젝트에 애자일 방식을 활용해왔 다. 2015년에는 애자일 시스템을 본격적으로 도입하기 위해 애자일 코어팀(ACT, Agile Core Team)을 만들었다. 당시 20명으로 시작한 ACT 는 현재 75명으로 늘어났다. ACT 구성원들은 사내 프로젝트에 파견 돼 애자일 업무 방식을 전파하는 역할을 맡는다. 소프트웨어를 개발할 때 최소한의 조건만 설정되면 베타 버전부터 만들고, 이후 고객 피드 백을 반영해 새로운 버전을 만드는 등 '일단 해보고 개선하는' 방식으 로 프로젝트를 이끌어나간다. 삼성SDS는 44만 명의 임직원들이 메일, 결재, 일정 관리, 연락처 기능을 처리하기 위해 쓰는 클라우드 기반 업 무 시스템인 녹스포털(Knox Portal)에 MSA(Micro-Services Architecture) 기술을 적용해 유연성과 확장성을 획기적으로 향상시켰다.

KB국민은행은 12개의 ACE(Agile · Centric · Efficient)라는 애자일 조직을 갖고 있고, KB국민카드는 2018년 초에 스웨그(SWAG, Smart Working Agile Group)라는 애자일 조직을 새로 만들었다. 스웨그 팀은 독립된 의사결정권을 가졌고, 조직 혁신과 시스템 변화를 이끄는 역할을 담당한다. 각 본부장이 상황에 따라 조직을 재설계할 수 있는 '자율조직제'도 도입했다.

2018년 현대카드도 애자일을 키워드로 내걸고 조직을 개편했다. '본부-부본부-실-팀-센터' 5단계로 구성된 기존 조직체계를 '본부-실-팀' 3단계로 간소화했다. 부본부를 본부에 통합하고, 센터의 역할은 팀이 맡았다. 실장의 권한도 강화했다. 과거에는 팀을 재편하려면 승인을 받아야 했으나 이제는 실장이 자유롭게 팀을 새로 만들거나 폐지할 수 있다. 인력 구성과 예산 분배 등도 실장이 결정한다.

우리나라는 아직 애자일 방식보다는 중앙집권 방식을 선호하는 분위기다. 경영진의 판단에 따라 서비스나 기능이 갑자기 생기거나 사라지기도 한다. 2021년에는 조직문화에 변화를 꾀하고 있는 대기업, 중소기업, 공기업 등이 늘고 있어서 점차 국내에서도 헬릭스 경영으로 폭넓게 활용될 전망이다.

JOB TREND

08 공정성을 따지는 젠더 감수성의 확산

2020년 한국의 기업문화에는 여전히 성차별이 존재한다. 젠더 감수성은 고 박원순 전 서울시장의 죽음으로 우리 사회의 중요한 화두가 되었다. 한국 채용시장에서 '젠더 감수성'의 요구가 거세다. 최근 한국에머슨은 채용 과정에서 면접관의 성인지 감수성을 높이는 사전교육을 도입했다. 산업 시스템 자동화라는 업종 특성상 주로 남성 직원이 많지만, 이 같은 변화를 통해 여성 채용률은 2018년 22%에서 2019년 37%로 상승했다.

한국의 고용시장에 '여풍'이 불고 있다. 공무원뿐 아니라 전체 대졸자 취업률에서도 여성이 50.6%로, 남성 취업률 49.4%를 앞질렀다. 2015년 롯데그룹은 채용 인원의 40%, 삼성그룹은 30%를 여성에게 할당했다. 2018년 초 취업 포털사이트 인크루트는 여성 구직자 593명을 대상으로 설문조사를 진행했다. "구직활동을 하면서 여성으로서 불이익을 받은 적이 있었는가?"라는 질문에 응답자의 72%가 '불이익을 받은 경험이 있다'고 답했다. 전국여성노동조합과 전국여성연대, 한국여성민우회 등이 결성한 '채용 성차별 철폐 공동 행동'은 채용 성차별 제보를 받아 성차별 기업 대응에 나서고 있다. 먼저 이들은 면접 시 피해야 할 질문 등을 정리해 각 기업에 '기업 채용 실천 가이드' 공문을 보내고 시정을 요구했다. 이 가이드에는 면접 질문을 직무 중심으로 구성하고, 연애·결혼·출산 계획에 대해 일절 묻지 말라는 내용이 담겨 있다. 또 지원 자격에 직무와 관련 없는 성별, 나이, 신체 조건의 제한을 두지 않도록 하는 채용 문화 개선을 위한 제안서를 발송하고 있다.

노동부에 따르면 2018년 9월부터 약 5개월간 익명신고센터에 접수된 성차별 신고 사례는 모두 122건으로, 이 가운데 채용 성차별이 63건(51.6%)으로 가장 많았다. 특히 결혼과 출산을 이유로 여성 채용을 기피한 사례가 다수 포함됐다. 기업은 결혼과 임신 계획에 대해 직접적으로 묻지 않더라도 출산 및 육아 휴직을 쓰고 퇴사하는 직원에 대해 어떻게 생각하느냐고 에둘러 묻는 것도 주의해야 한다.

채용 과정에서 여성을 제외한 사례도 드러났다. 한 금융기관은 채용 과정에서 '여성을 뽑을 수 없다'고 안내했고, 어떤 반도체 기업은 채용 공고에 '자격 요건 우대 사항으로 남자'를 명시해 노동부로부터 행정지도를 받기도 했다. 도청 청원경찰을 '남자 군필자'로 제한하고, 청원산림 보호직 채용 대상을 남성으로 제한한 경우도 있었다. 우리 사회에는 사소한 실수가 아니라 의식적이든 무의식적이든 성차별이 뿌리 깊게 박혀 있다. KB국민은행, KEB하나은행, 신한은행처럼 고용시장에서 성비 불균형이 크지 않은 업종으로 인식되는 은행권은 물론이고, 대한석탄공사, 한국가스안전공사 같은 공기업도 예외가 아니었다. 이들 기업은 여성을 고의로 탈락시키기 위해 면접 점수를 조작하거나, 미리 최종 합격자 남녀 성비를 설정해뒀다.

2018년 KB국민은행은 채용 성차별에 대한 1심 판결에서 벌금 500만 원을 선고받았는데, 처벌이 너무 약하다며 항의하는 목소리가 높았다. 젠더 감수성은 갑자기 채용시장의 트렌드로 떠오른 것이 아니다. 그 배경에는 시대 변화와 함께 채용의 본질적 방향이 내재되어 있다. 많은 글로벌 기업들은 이미 오래전부터 젠더 감수성에 관심을 갖고 연구를 지속했지만, 우리나라는 지금까지 크게 관심을 두지 않았고 아직도 심각성을 느끼지 못하고 있는 것이 사실이다. 2021년은 채용에서 다양성이 더욱더 부각될 가능성이 많다.

09 고령화 사회의 주체, 앙코르 액티브 시니어의 확산

고령화 사회에 앙코르 시니어가 새롭게 등장했다. 기업의 법정 정년이 60세로 연장되었지만, 현재 평균 퇴직 연령은 52.8세다. 퇴직후 자신이 용도 폐기된 것 같다는 허탈감을 느끼는 퇴직자가 많다. 한국 경제의 발전을 이끈 중추적인 역할을 했던 베이비부머 세대의 노하우와 경험을 잘 활용해서 생애 설계를 해야 한다. 《백년을 살아보니》의 저자 김형석 연세대학교 명예교수(1920년생)는 대중교통을 이용하고, 수영으로 건강을 다지고, 한 해에 두세 권의 책을 내고, 퇴직 후에도 줄곧 쉬지 않고 전국을 누비며 한 해 160여 회의 강의를 소화하고 있다. 가장 행복한 사람은 '지금의 일을 사랑하는 사람'이다. 《앙코르》의 작가 마크 프리드먼은 "앙코르 커리어(Encore Career)는 개인의 재능과 경험을 이끌어내고, 자신이 타인의 행복에 기여하고 있다는 심리적 의미를 부여한다"라고 덧붙였다. 그는 "과거 50대 퇴직자들이 '일로부터의 해방(Freedom form Work)'을 얘기했다면 이제는 '일할 자유(Freedom to Work)'를 갈구하고 있다"라고 말한다. 앙코르 커리어는 30년 이상 계속될 수 있는 삶의 새로운 단계에 대두되는 경제적 문제를 해결해줄 방안이기도 하다.

앙코르 커리어란 퇴직 후 경력을 바탕으로 의미 있는 일을 하는 활동을 말한다. ① '왜 사는가?' – 사회적 영향과 목적(Purpose), ② '열정은 어디서 나오는가?' – 개인적 의미와 성취(Passion), ③ '무엇으로 먹고살 것인가?' – 인생 후반 지속적 수입(Paycheck) 등 노년의 행복한 삶을 위해서는 이 3가지가 필요하다.

앵코르 시니어 세대는 기존 시니어 세대와 달리 정년퇴직 후에도 소일거리로 여생을 보내지 않고 활발한 활동을 하면서 사회적·경제적 영향력을 행사한다. 주로 50~60대인 이들은 2018년 기준 총 1,437만 명으로 전체 인구의 약 27.8%를 차지하고 있다. 기존 고령 세대는 노후 준비에 대한 인식 수준이 낮아 상대적으로 빈곤한 삶을 영위했지만, 현재 50대는 은퇴 이후의 삶을 준비하는 수준이 높아 강한 소비 성향을 보이고 소비 여력도 있다.

한국보건산업진흥원은 액티브 시니어들의 소비에 힘입어 2020년 국내 시니어 시장의 규모가 70조 원 이상이 될 거라고 예측했다. 고령자들의 심리를 마케팅에 성공적으로 활용한 경우로 국내에서는 유한킴벌리 사례가 많이 회자된다. 시니어족 제품을 성장 동력으로 삼은 유한킴벌리는 시니어 친화적(Age-friendly) 서비스로 실버 시장을 공략했다. 2012년 선보인 요실금 팬티 '디펜드 스타일 팬티'는 성별과 체형에 따라 사이즈가 다양하고, 패드 두께가 얇아 입은 티가 나지 않는다는 게 특징이다. 눈에 띄는 내용은 이 제품을 55세 이상 여성으로 구성된 스타일 판촉단이 직접 대형마트에 파견돼 고객들에게 판매했다는 점이다. 전화 상담 요원도 55세 이상 간호사 출신으로 배치했다. 젊은 점원에게 드러내고 싶지 않은 시니어 소비자의 마음을 읽은 것이다.

전문가라면 '프로보노'도 고려해볼 수 있다. 프로보노(Pro Bono)란

'공익을 위하여'라는 라틴어 'Pro Bono Publico'의 줄임말이다. 다른 봉사활동과는 달리 봉사자가 자신의 전문 분야를 살려 공익 차원에서 무료로 돕는 것이 특징이다. 배우자와 매일 같은 공간에서 어떻게 지내야 하는지, 자녀 세대와의 갈등을 어떻게 해소해야 하는지 미리 생각해둬야 한다. 2021년 국내에서도 시니어 노마드의 활동 범위가 넓어질 전망이다.

2장에서는 2021년 채용을 준비하는 기업의 입장과 취업을 준비하는 구직자의 입장을 고려하여 주목할 트렌드의 방향을 '일하는 방식'의 패러다임 변화로 보고 10가지 채용 트렌드 키워드를 다룰 것이다. 《채용 트렌드 2020》에서 다루었던 키워드와 연계하여 2021년 채용 트렌드를 관통하는 10대 키워드를 뽑았다. 2021년 채용 트렌드는 코로나19 팬데믹의 영향이 가장 크다. 코로나19로 모든 소통이 비대면으로 급속하게 변화되었다. 달라진 업무 환경은 조직 구성원들 간의 소통도 이전과 다른 방식을 요구하고 있다. 2020년 한국 사회는 재택·원격근무를 경험했다. '왜 일을 하는가?'라는 질문이 '어디서 일을 하는가?'로 바뀌고 있다.

2021년 채용 트렌드는 다른 어느 때보다 큰 패러다임의 전환이 있을 전망이다. 공채의 종말 이후 수시채용은 어떻게 변화할 것인가? 수시채용이 고용시장을 바꾸고 있다. 언택트 기술이 발전하면서 블라인드 비대면 채용이 어떻게 강화되고 있는가? 비대면 채용이 관련 산업까지 영향을 미치고 있다. AI 채용의 진화와 화상면접 역량을 어떻게 평가하고 있는가? AI 채용 산업의 규모는 점차 커지고 있으며 화상 솔루션은 눈 깜짝할 사이에 진화하고 있다. 온라인 인적성검

2021년 채용 트렌드 10대 키워드

① 공채의 종말	· 수시 전성시대	· 상시채용의 등장
② 언택트 소사이어티	· 비대면 채용	· 블라인드 채용
③ 화상면접	· AI 채용	· 역량면접
④ 랜선 박람회	· 온라인 인적성검사	· 채용 박람회
⑤ 리모트 워크	· 일과 삶이 통합되는 방식	· 워라인
⑥ 멀티커리어리즘	· 인디펜던트 워커	· 디지털 노마드
⑦ Z세대 채용 전략	· 밀레니얼 세대 채용	· 세대별 채용 전략
⑧ 애자일 경영	· 헬릭스 경영	· 속도 경영
⑨ 프라이빗 이코노미	· 개인 취향	· 1인 가구 증가
⑩ 시니어 노마드	· 액티브 시니어	· 고령화 시대

사가 늘어나고 있으며, 채용 박람회를 랜선으로 진행하고 있다. 이제 재택 · 원격근무가 기업이 일하는 방식을 변화시킬 뿐만 아니라 가족과의 관계, 직장 동료와의 소통 등에도 새로운 변화를 가져올 것이다. 따라서 일과 삶이 통합되는 워라인이 중요하다. 또한 긱 이코노미 이후 인디펜던트 워커(Independent worker)가 각광받고 있다. 밀레니얼 세대 채용과 Z세대 채용 전략의 차이에 어떻게 영향을 미치고 있는지도 주목해야 한다.

성과와 속도를 한꺼번에 잡는 헬릭스 경영이 우리나라에도 도입되고 있다. 팬데믹의 영향으로 안전과 개인 취향을 중시하는 프라이빗 이코노미(Private Economy)가 부상하고 있으며, 자식에게 의존하지 않는 시니어 노마드(Senior nomad)가 등장하고 있다. 돌이켜보면 채용과 취업이 어렵지 않았던 때가 있었던가? 전방위적으로 산업의 패러다임이 개편되고 있으니 하나의 키워드에 꽂히기보다는 10개의 채용 트렌드 키워드를 하나하나 살펴보자.

참고문헌

· 인크루트, 〈수시가 공채 제쳤다! 하반기 신입 수시계획 '첫 역전'〉, 2020. 8. 24.

· 잡코리아, 〈블라인드채용법 시행 1년 후... 구직자들 평가는?〉, 2020. 8. 18.

· 마크 펜 · 메러디스 파인만, ≪마이크로트렌드X≫, 길벗, 2018.

· 존 나이스비트 · 도리스 나이스비트, ≪미래의 단서≫, 부키, 2018.

· 헨릭 베일가드, ≪트렌드를 읽는 기술≫, 비즈니스북스, 2008.

part 2

What

코로나로 바뀐
채용 트렌드 10대 키워드

상시채용

채용의 주기가
달라진다

트렌드를 읽는다고 해서 100% 성공을 보장할 수는 없다.
하지만 트렌드를 읽지 못하면 100% 실패는 보장할 수 있다.
– 피터 드러커

01 '공채의 종말'이 온다

2021년, 비즈니스 환경이 급격히 변화함에 따라 기업들의 채용 방식이 완전히 달라지고 있다. 코로나19가 확산되면서 채용시장도 흔들리고 있다. 대기업들은 60년간 이어온 공채제도를 없애는 추세다. 《채용 트렌드 2020》에서 이야기했듯이 수시채용 전성시대가 현실로 다가오고 있다. 이제 명실공히 공채의 종말을 선언해야 할 때다. LG는 64년 만에 정기공채를 폐지하고 채용전환형 인턴십을 확대하였으며, KT는 40여 년 만에 공채를 폐지하고 6주의 인턴 기간을 거치는 수시 인턴제를 도입했다. 공채는 사실상 유명무실해졌다. 하루아침에 채용 방식의 표준이 바뀐 것이다. 수시채용이 뉴노멀(new normal) 트렌드로 자리 잡아가는 가운데 정부조차 코로나 방역에 신경 쓰다 보니 다른 정책에는 여력이 없는 상황이다.

기업이 어려울 때 쓸 수 있는 마지막 카드는 예정된 채용 계획을 보류하거나 기존 직원을 내보내는 것이다. 팬데믹 상황에서 미래가 불확실할 때 채용 규모는 작아질 수밖에 없다. 채용 규모를 살펴보면 기업의 현재 상황을 꿰뚫을 수 있다. 채용 일정을 연기하거나 채용 규모를 축소하고 있는 기업의 경영 상황은 좋지 않을 수 있다. 반면 채용 규모를 늘리는 기업은 유심히 살펴볼 필요가 있다. 인구구조상 대학 졸업자가 가장 많아 취업이 어려운 시기이며, 코로나 팬데믹의 여파로 채용시장까지 꽁꽁 얼어붙었다. 현업 부서에서는 실무형 인재를 상시채용하는 곳이 늘었다. 삼성도 그룹 차원에서 뽑던 방식을 각 계열사별로 맡고 있다. 정부 정책으로 대기업이 눈치를 보면서 3년 동안 억지로 끌어오던 공개채용은 코로나19 위기 상황으로 더 이상 유

공채 폐지 후 수시·상시채용으로 전환한 기업

그룹사	공채 폐지	수시·상시채용 전환
현대·기아차	2019년 1월	수시채용 제도 도입
LG	2020년 6월	상시 인턴 채용 제도 도입
KT	2020년 1월	수시 인턴 채용 제도 도입
한화	2020년 1월	수시채용 제도 도입
SK	공채 단계적 축소 2023년 완전 폐지	2023년 상시채용 제도 도입
KEB 하나은행	2020년 공채제도 단계적 폐지	수시 인턴 채용 제도 도입

지하기 힘들다. 이제 공채는 역사 속으로 사라질 것이다.

1957년 삼성그룹이 대졸자 공채를 최초로 시행한 이래, 2019년 2월 현대자동차그룹은 10대 그룹으로는 처음으로 '공채 폐지' 및 '수시채용'을 선언했고, SK그룹은 3년 안에 '수시채용'으로 전환할 계획을 발표했다. LG그룹은 2020년 6월, 60여 년 역사의 정기공채를 폐지하고 신입사원 70%를 채용 전환형 인턴십으로 뽑기로 했다. 30%는 공모전과 산학협력 등으로 선발한다. 포스트 코로나 시대 채용의 '뉴노멀'에 선제적으로 대응하기 위한 개편이라고 설명한다. '범용 역량'에서 '직무 역량'으로 채용의 변화를 위해 '공채 폐지'를 추진하는 것이다.

채용 시즌에도 변화가 왔다. 공채는 다수의 사람을 뽑다 보니 공개된 채용 정보도 많아서 준비하기가 수월하다. 반면 수시채용은 소수로 뽑다 보니 채용 정보를 검색해도 잘 나오지 않는다. 시즌이 있을 때와 시즌이 없을 때도 다르다. 시즌이 없으면 준비하기가 수월하지 않다. 취업준비생들은 수시채용을 하기 위해 더욱더 준비해야 할 것이 많아진다. 이제 공채는 필연적으로 감소할 것이다. 기업은 필요한 사람만 그때그때 뽑는 수시·상시채용을 할 수밖에 없다. 조직의 효율을 높이기 위해 업무의 리스트럭처링(Restructuring)을 실시하고, 새로운 업무와 역할을 수행하기 위해 새로운 기술을 배우는 리스킬(Reskill)이 중요해지고 있다. 뽑을 인원이 많지 않아 공채를 진행할 수 없으니 그룹에서 한꺼번에 채용하던 것이 개별 회사에서 필요한 만큼 뽑는 수시채용으로 전환되는 것이다.

공채 포비아의 늪에서 빠져나오기

코로나19가 확산되면서 채용시장도 흔들리고 있다. '공채'와 공포증을 뜻하는 '포비아(Phobia)'가 합쳐진 '공채 포비아'란 신조어까지 등장했다. 취준생에게 국한되는 문제가 아니다. 누구에게나 생전 겪어보지 않은 상황이 닥치면 심리적 기복이 생기기 마련이다. 상반기 채용도 불투명해지면서 취준생의 두려움이 가중되고 있다. 지나친 두려움은 확실한 원인이 파악되지 않은 채 활동이 부진한 상태가 계속되는 데서 비롯된다. 특히 토익 시험이 연기되면서 아예 응시조차 못하고 있어 마음은 더욱더 조급하다. 토익 시험은 코로나19 여파로여러 차례 취소됐다. 토익 시험이 연기되었다 다시 치러지면서 취준생들이 갑자기 몰려 시험 접수조차 힘든 상황이다. 각종 공모전도 거의 취소되면서 취준생들은 난감해하고 있다. 일명 '취린이'(취업 준비와 어린이를 합친 말)'에서 '취른이'(취업 준비와 어른을 합친 말)가 됐다는 자조섞인 말이 유행이다. 졸업도 미루고 스펙 쌓기에 매달렸지만 취업은 못 하고 나이만 먹어간다고 한탄한다.

취준생들이 토로하는 공채 포비아 증상은 다양하게 나타난다. 우선 무조건 지원하는 '묻지마 지원형'이 늘어났다. 입사 지원도 하기전에 탈락할지 모른다는 두려움 때문이다. 아예 취업을 포기한 '자포자기형'도 등장했다. 이들은 취업만 생각해도 가슴이 답답하다고 토로한다. '상반기 집중형'은 2021 상반기 취업을 준비하는 데 시간을할애하고 있다.

코로나 포비아를 인정하는 순간 안절부절못하던 마음이 조금씩 가라앉을 것이다. 긴 안목으로 성급한 마음을 내려놓아야 한다. 혼자

감당하려고 하지 말고 주위 사람들과 이야기를 해보자. 직접 만나지 못하더라도 전화나 카톡으로 두려움을 털어놓자. 두려움을 이야기하는 것만으로 한결 편안해질 것이다. 가장 최악의 상황인지 떠올려보고 그 상황을 담대하게 받아들이자. 부정적인 생각보다 억지로라도 긍정적인 생각을 해보자. 의심하지 말고 취업에 합격했을 때를 상상하는 것이다. 인간의 뇌 속에서 그렸던 이미지가 결국 현실이 된다. 코로나 포비아에서 벗어나려면 이 상황을 받아들이고 인정해야 한다.

서류 광탈로 자소서 포비아를 겪고 있다

누가 대신 자기소개서를 써주면 얼마나 좋을까? 빛의 속도로 서류전형에서 탈락하는 '서류광탈'은 한 번쯤 겪어본 일이다. "자소서 포비아까지 겹쳐 힘들어요. 면접이라도 봤으면 좋겠어요"라고 말하며 한숨 쉬는 취준생이 있을 정도다. 막상 컴퓨터 앞에 앉아서 자기소개서를 작성하는데 진도가 나가지 않아 막막함을 느낀다고 한다. 가장 힘든 부분은 까다로운 지원 동기다. 지원하려는 기업에 맞게 자기소개서를 작성해야 하는 부담감으로 아예 입사 지원을 포기하기도 한다. 그래도 다행인 것은 공인어학 성적 제출 폐지는 물론 1차 면접은 화상으로 진행해 기존의 정형화된 절차를 탈피한 기업이 늘고 있다는 점이다.

SBS의 교양 PD, 예능 PD를 지원하는 사람들은 자기소개서와 함께 자기소개 영상을 제출해야 한다. 자기소개 영상은 120초 이내 분량으로 기본적인 컷(Cut) 편집과 자막, 배경음악 삽입이 가능하지만,

그 외의 편집 효과 및 기타 특수효과 사용은 금지된다. 또한 영상에 개인의 기본 신상정보(생년월일, 출신지, 가족관계, 학력, 출신 학교 등)를 노출하지 않도록 주의가 필요하다. 한화생명 채용에서는 지원자가 직접 제작한 63초 분량의 동영상으로 서류 심사를 대체한다. 이는 최근의 탈스펙 트렌드를 반영한 것이다. 지원자는 자기소개서 대신 자신만의 방식으로 지원 동기, 직무 관련 역량, 입사 후 포부 등을 동영상에서 표현하면 된다. 단, 일반전형과의 복수 지원은 불가능하다. 대우조선해양도 동영상을 활용해 자기소개를 만들도록 했다. 신생 항공사 에어프레미아는 지원 서류와 90초 이내의 영상을 제출하면 된다. 자소서의 공포에서 벗어나기 위해서는 우선 새로운 상황에 놓였을 때 거부감 없이 그것을 인정해야 해결 방법을 찾을 수 있다. 취준생들끼리 모여서 화상으로 자기소개 영상을 피드백해주는 것도 좋다. 이제는 자기소개서도 동영상으로 촬영하는 시대다.

JOB TREND

02 상시채용의 등장 - 세계 동향

세계적 기업들은 인적자원 관리가 실시간 즉각적으로 이루어지고 있다. 365일 항상 적재적소에 전문적 역량을 갖춘 인재를 뽑는 시스템을 만들고 있다. 세계적 기업들은 이미 도제식 채용으로 넘어갔다. 아마존은 유럽과 영국 전역에서 어프렌티스십(Apprenticeship) 프로그램에 참여할 호기심 많고 열정적인 사람들을 찾고 있다. 인턴십(Internship)과 어프렌티스십은 엄연히 다르다. 인턴십은 학생들이 각

인턴십과 어프렌티스십의 비교

	인턴십 (Internship)	어프렌티스십 (Apprenticeship)
개념	학생들이 각 분야에서 일하고 경험을 쌓을 수 있는 훈련 프로그램	견습생이 구체적인 기간 동안 숙련자들로부터 기술을 배우고 수행하는 훈련 프로그램
중심	업무 중심 학습	업무 기반 교육
기간	비교적 짧은 기간, 1년 미만	장기간, 2~8년
대상	재학생	잠재적인 직원
연수생	인턴	견습생
마무리	직원 경험	직원 일자리

분야에서 일하고 실제 경험을 쌓을 수 있는 훈련 프로그램으로 어프렌티스십보다 기간이 짧다. 우리말로는 도제 또는 견습 제도로 불리는 어프렌티스십은 견습생이 일정한 기간 동안 숙련자로부터 기술을 배우고 수행하는 훈련 프로그램을 말한다.

아마존 직원들은 선배 멘토 밑에서 도제식으로 배운다. 물론 입사 초기에 도제식으로 배우고 차후에는 스스로 문제를 해결해나간다. 아마존의 도제 과정은 이론 학습과 실습 경험, 국가적으로 인정되는 자격과 경쟁력 있는 급여를 제공하며 미래의 팀 리더를 위해 엔지니어링, IT 및 운영에 대한 견습을 제공한다.

글로벌 기업이 도제 교육에 앞장서는 이유는 무엇일까?

해외에서 유입되던 인력이 줄어들자 기업들이 채용 전략을 바꾸고 있다. 상대적으로 첨단 업종이면서 고임금 업종인 IT 분야에 견습생은 거의 없었다. 핀터레스트, 링크트인, 에어비앤비 등 IT 기업들이 컴퓨터 비전공자를 뽑아 엔지니어로 키우는 경우가 늘고 있다. 견습생을 뽑아서 1년간 도제식 교육을 거쳐 엔지니어로 채용하는데 기존 엔지니어를 능가한다는 평가다. 기존 컴퓨터공학 전공자 채용 프로세스와 별도로 채용 방식을 도입하고 있다. 우수한 컴퓨터공학 전공자들을 구글, 페이스북, 아마존 등이 싹쓸이하는 현실적 이유도 있지만 더 크게는 다양성 확보 때문이다. 컴퓨터공학 전공자들에게는 나올 수 없는 새로운 아이디어와 통찰을 얻을 수 있고, 두 부류의 인재들을 섞으면 융합적 인재로 창의적 프로젝트가 가능하다는 판단이다.

기술 인재도 부족하지만 인재의 다양성 역시 부족하다. 핀터레스트의 견습 프로그램 대상은 컴퓨터공학을 전공하지 않고 코딩에 대해 전문지식이 없는 경제학과, 건축학과 등의 전공자들이다. 이들은 1년 동안 컴퓨터공학과 코딩에 대한 이론 교육과 엔지니어링 실습 교육을 받는다. 철저히 일대일 멘토링으로 진행되며 목표는 1년 뒤 실전에 배치되는 것이다. 웹 개발, 데이터 과학, 사이트 보안 등 각 부문 매니저와 짝을 이뤄 직접 프로그램을 만들고 엔지니어팀으로부터 피드백을 받는다. 멘토는 매일 진도가 얼마나 나갔는지, 업무 이해 정도는 어떤지 기록하면서 수준에 맞게 학습 단계를 조정하고 월별로 테스트도 실시한다. 현재 비공학 분야의 경험과 엔지니어링이 시너지를 내고 있다는 평가다.

03 상시채용의 등장 - 국내 동향

2021년 채용 트렌드의 핵심 키워드는 공채가 사라지고 수시채용이 늘면서 상시채용도 등장한다는 것이다. 공채를 기반으로 호봉제를 택한 국가는 한국과 일본밖에 없다. 일본 토요타는 2004년에 이미 호봉제를 완전히 폐지하고, 숙련도와 생산성에 따라 성과급으로 바꿨다. 근로자들의 급여가 차등 지급되는 시스템이다. 채용은 기업의 입장에서 비용이다. 상·하반기 2회 공채를 준비하려면 시간과 비용을 많이 투자해야 하는데, 디지털 기반 플랫폼을 이용하면 적은 비용으로 수시채용을 할 수 있다. 국내에서 직무 중심의 수시채용이 안착되는 데 바로 디지털 트랜스포메이션의 영향도 크게 한몫하고 있다. 코로나19로 경직된 채용시장에 상시채용이 대안으로 떠오르면서 공채보다 상시채용이 유리할 것으로 보는 구직자의 의식 변화도 있다.

수시채용의 확산이 가속화되고 상시채용이 등장하고 있다. 규모가 작은 중소기업의 경우 수시채용이 일반적으로 활용되는 것에 비해, 대규모 정기공채 방식을 주로 택하던 대기업들은 그룹 공채에서 점차 계열사별 공채로 전환하더니 발 빠르게 직무 역량 중심의 수시·상시채용을 확대하고 있다.

취업포털 사람인에 따르면, 신입 구직자 876명을 대상으로 '수시

수시채용과 상시채용의 차이

	수시채용	상시채용	정기 공개채용
시기	인력 수급에 따라 수시로 채용	1년 내내 채용 (마감 기한 없는 우수 인력)	연 2회 (3~4월, 9~10월) 정례적 채용
규모	채용 규모 불확실	채용 규모 소수	연간 채용 규모 확실
방식	서류 → 면접 (과제, 인적성검사 필요 시)	서류 → 면접 (과제, 인적성검사 필요 시)	서류 → 인적성검사 → 면접
장점	· 실무역량 평가 정착 · 필요로 하는 우수 　인재 채용 유리 · 필요한 시점에 필요 　한 만큼 영입 가능 · 채용 비용 낮음	· 언제나 입사 지원 　가능 · 우수 인재풀 확보 　유리 · 결원이 생겼을 때 　적합한 채용 가능 · 주로 외국계 기업	· 짧은 시간에 대규모 　인력 채용 가능 · 조직 충성도 높음 · 유연한 인력 운용 　가능(직무 이동 가능)
단점	· 조직 충성도 낮음 · 대규모 인원 채용이 　어려움 · 유연한 인력 운용이 　어려움 · 주기적 채용 일정 　확인 필요	· 실제 경력직에서 　많이 사용되는 방식 · 365일 언제나 지원 　가능하다 보니 지원 　자 입장에서 언제 지 　원해야 하는지 막연	· 직무 적응력 및 　전문성 낮음 · 경쟁률이 높아 과도 　한 채용 비용 발생 · 우수 인재의 상시 　확보가 어려움 · 불필요한 스펙 쌓기 　유발

채용과 공개채용 중 유리한 방식'을 물어본 결과, 66.2%가 '수시채용이 유리할 것'이라고 답변했다. 그 이유는 '특정 시기에 몰리지 않고 그때그때 지원이 가능해서'가 72.1%(복수 응답)로 압도적으로 많았다. '스펙보다 직무 역량을 중요하게 평가할 것 같아서'가 31%이다. 대다수를 차지하는 89.7%는 실제로 입사 지원 시 공개채용보다 수시

채용 위주로 지원할 것이라고 말했다. 코로나19 여파로 대대적인 필기 · 면접 전형이 어려워진 기업들이 잇따라 공채를 연기, 축소하는 한편 부족한 인력 수급을 위해 수시로 채용하려는 기업들이 늘고 있다.

'수시채용'은 거스를 수 없는 물결이다. 과거 산업 성장기에는 '특정 업무를 잘 몰라도 똑똑한 사람을 뽑아서 키워 쓴다'는 인식이 강했다. 이른바 '범용적 인재'를 채용했다. 성장하는 만큼 다양한 부문에서 많은 인력이 필요했기 때문이다. 사람을 먼저 뽑고 그 사람에게 맞는 일을 맡기면 되었다. 문제는 무임승차가 가능하다는 것이다. 하지만 업무에 맞는 사람을 뽑는 '직무형 인재'가 필요한 시대에는 성과에 따른 합리적 임금으로 차별화하고 소규모 채용을 하는 것이 더 효과적이다.

현대 · 기아자동차는 2019년 공개채용을 폐지하고, 본사 인사 부문이 아닌 현업 부문이 필요한 인재를 직접 선발하는 직무 중심의 '상시채용'을 전면 도입해 운영 중이다. "미래 친환경차 사업은 현대자동차그룹의 생존과 연관돼 있고 국가를 위해서도 매우 중요합니다."

정의선 현대자동차 회장은 이렇게 말하며 새로운 인사 실험을 단행하고 있다. 우선 지금까지 대기업에서 관행처럼 여겨왔던 대규모 정기공채를 완전히 없앴다. 국내 10대 그룹 중 처음으로 필요한 인재를 바로 채용하는 상시채용으로 바꾼 것이다. 현대자동차그룹의 채용 변화는 최근 재계의 연중 상시채용 흐름에 방점을 찍었다는 평가를 받았다. 현대자동차는 인공지능 전담 연구조직을 비롯해 연구개발, 플랜트 기술, 전략지원 등의 분야에서 신입과 경력사원을 상시채용한다. 현대모비스는 공채와 상시채용을 병행하는 '하이브리드형 채용'을 진행하고 사업부별 특성에 맞는 맞춤형 인재는 필요 시 채용하고 있다.

SK그룹도 상시채용을 선언하고 순차적 공채 폐지를 밝혔다. LG 그룹은 LG생활건강, LG화학, LG상사, 에스앤아이 등 각 계열사에서 상시채용을 진행한다. 신세계그룹은 연 1회 공채를 진행하지만 그 외에는 상시채용으로 인력을 충원한다. 두산그룹 역시 두산디지털이노베이션을 비롯한 각 계열사에서 상시채용으로 인재를 확보한다. 2019년 공채를 진행한 우리은행도 디지털·IT(정보기술)·IB(투자은행)·자금 등 4개 전문 영역에서 수시채용을 진행했다. 신한은행도 디지털·ICT(정보통신기술)와 기업금융 분야에서 수시채용에 나서고 있다. KEB하나은행은 수시채용 방식으로 6~8주 동안 '채용 전환형 인턴' 과정을 거쳐 평가한 뒤 채용 여부를 결정한다. 공채가 점점 사라지고 수시·공시채용 비중을 최대한 높이고 있다. 몇 년 안에 대기업 공채가 완전히 사라질 가능성도 있다. 정기공채 방식은 상시채용에 비해 인력 수급의 유동성이 떨어진다. 하지만 정해진 시점에 정해진 규모로 신입직원을 선발할 경우 조직 내 구성원이 일정 비율로 유지돼 조직 안정화와 소속감에도 긍정적이다. 공기업이나 은행권에서 직원을 뽑을 때는 공채를 선호하는 경향이 있다.

비약적인 성공이 멈춘 시대에 성장을 꿈꾼다

고속 성장이 멈춘 시대에 공채제도를 유지하기는 어렵다. 게다가 코로나19 사태로 상황이 완전히 바뀌었다. 미·중 무역분쟁, 일본 수출규제, 급격한 최저임금 인상 등으로 경제 상황이 좋지 않아 대부분의 기업은 신규 채용을 줄이고 있다. 대규모 인력을 채용할 만큼 기업이 성장하지 못한 데다, 자동화 기술로 인력 수요마저 줄었다. 아울러 4차 산업혁명 시대에는 특정 부문에 즉시 투입할 수 있는 인재가 필요하다. 국내 기업의 채용 방식은 공채와 수시를 병행하는 '투 트랙(two track)'을 거쳐 상시채용으로 전환될 전망이다.

취업준비생은 '어느 기업에 입사하는가?'보다 '어느 분야에서 일할 것인가?'의 관점에서 준비해야 한다. 한 발 나아가서 '어느 분야에서 일할 것인가?'보다 '어느 영역에서 역량과 전문성을 기를 것인가?'가 더 중요하다. (직무 역량을) 어느 영역에서 발휘하느냐에 따라 성과가 달라진다. 예를 들어 은행에서 근무하는 디자이너와 제품을 만드는 디자이너가 다르고, 광고와 앱, 게임을 만드는 일러스트레이터가 각기 다르다. 공개채용 확대가 예상되는 만큼 취업준비생들은 업종별 채용 트렌드를 파악해야 한다.

변화된 환경에 365일 깨어 있는 기업만이 살아남는다

새로운 기술이 쏟아지고 있는 4차 산업혁명 시대에 기업은 적시에 적합한 인재를 확보하는 것이 무엇보다 중요하다. 그러나 기존 공채 방식은 미래 산업 환경에 맞는 인재를 제때 확보하기 어렵기 때문에 네이버, 카카오 등 IT와 밀접한 기업 대부분은 이미 상시채용을 통해 필요한 인력을 선발하고 있다. 주요 금융사들은 인공지능을 포함한 정보통신기술 인재를 확보하기 위해 상시채용을 적극적으로 활용하고 있다. 향후 필요한 인력을 사전에 계획하고 정해진 시점에 모든 부문의 신입사원을 일괄 채용하는 경우 실제 신입사원이 배치될 시점에는 경영 환경의 변화로 상황에 맞는 인력 확보가 어려운 경우도 많았다.

비용 절감과 적시에 필요한 인재를 확보하기 위한 대안으로 특정 직무의 인력이 필요한 시점에 채용 공고를 올리고 현업 부서가 전형, 선발 등 모든 채용 과정을 직접 진행하는 상시채용이 확대되고 있다. 상시채용은 현업 부서가 채용의 주체가 되어 입사 후 맡게 될 직무에 대한 세부 정보와 필요 역량을 상세하게 공개할 수 있고, 채용 과정에서 직무 역량에 대해 세밀한 검증을 할 수 있어 적합한 인재를 발굴하기에 더욱 효과적이다. 해당 현업 부서가 주도하는 직무 중심 선발로 바뀌기 때문에 해당 기업과 분야에 꾸준히 관심을 갖고 필요한 인력을 뽑는 데도 유리하다.

JOB TREND

04 상시채용 확대에 대비한 취업 전략 5가지

공채에서 수시·상시채용으로 바뀌면 취업 전략에도 수정이 필요하다. 상시채용 방식은 효율면에서 긍정적이다. 365일 항상 필요한 인재를 적재적소에 채용할 수 있기 때문에 기업의 경쟁력 면에서도 상시채용의 확대는 피하기 어렵다. 상시채용은 직무별로 전형을 세분화해 각 직무가 요구하는 핵심 역량을 가진 인재를 찾는 것이다. 기업은 소수의 인원을 선발할 때도 많은 시간과 노력을 들여야 하지만 해당 직무에서 꼭 필요한 기술과 역량을 갖춘 인재를 선발하기 위해 채용 과정에서 좀 더 꼼꼼하고 세밀하게 검증할 것이다.

1. 상시채용에서는 직무별 핵심역량을 파악하라

상시채용은 언제나 입사 지원이 가능하고 즉시 투입할 수 있는 인재를 원하므로 지원하고자 하는 직무에 대한 사전 지식이 필요하다. 구직자들은 직무 설정을 확실히 파악한 후 그에 대한 정보를 최대한 확보해야 한다. 직무 역량을 파악한 다음에는 핵심 역량을 파악해야 한다. 같은 직무라도 기업별로 강조하는 역량이 무엇인지 알아야 한다. 직무를 파악하기는 어려운데 역량에 관해서는 국가직무능력표준 (www.ncs.go.kr)에 자세한 내용이 나와 있다. 직무 소개로는 CJ그룹채용(recruit.cj.net) 정보를 참고하면 좋다. 직접 경험해보는 것이 가장 좋겠지만 그럴 수 없을 때는 커리어넷(www.career.go.kr), EBS, 한국직업방송, 한국경제TV 등에서 직업 관련 동영상을 참고한다. 물론 유튜브에서도 관련 키워드로 찾을 수 있다.

2. 항상 채용 정보를 탐색하고 기업 리스트를 작성하라

반드시 지원 희망 기업 리스트를 만들어 각 기업의 특성을 고려하여 직무 분석을 해본다. 채용 기준에 대한 정보 확보와 희망 직무 역량을 쌓아 상시채용에 대비해야 한다. 기업들은 상시채용 기준과 과정 등에 대한 명확한 정보를 제공하려고 다각도로 노력하고 있다. 기업 홈페이지에서 채용 전형을 살펴보고 인재상은 무엇인지 파악해야 한다. 채용 포털사이트에 관심 있는 기업을 등록하여 채용 공고 알림 서비스를 활용한다. 잡코리아(www.jobkorea.co.kr)에는 '관심 기업 알리미' 서비스가 있고, 사람인(www.saramin.co.kr)에 '추천' 서비스, 인크루트(www.incruit.com)에 '맞춤 정보' 서비스, 워크넷(www.work.go.kr)에 '맞춤 채용 정보'가 있다. 높은 확률로 매칭된 추천 공고를 받아볼 수 있다.

3. 자신의 정체성을 명확하게 하는 콘셉트부터 설정하라

직무와 기업 분석이 끝났으면 이제 자신의 이야기를 시작해야 한다. 제일 중요한 것이 바로 자신의 정체성을 명확하게 하는 것이다. 콘셉트부터 설정해야 이야기가 술술 풀린다. 우리는 엄마의 배 속에 있을 때부터 이야기를 갖고 있다. 그 이야기를 발굴하기만 하면 된다. 주제 정하기, 핵심 메시지, 에피소드 선정 등 '이야기 꾸러미'를 만들어서 서류 작성에 대비한다.

4. STAR 기법으로 서류를 작성하라

상시채용은 어느 회사에서 언제 뽑을지 모르기 때문에 구직자는 항상 채용 공고에 신경 써야 한다. 관심 있는 기업의 홈페이지를 주기적으로 확인하고 상시채용으로 인재풀 등록이 가능한 기업은 미리 등록해둔다. 서류전형에서 입사지원서 양식이 어떤 식으로 되어 있으며, 이력서나 자기소개서를 어떻게 써야 할지 키워드를 도출해야 한다. 자소서를 쓸 때도 STAR 기법을 사용한다. STAR 기법이란 경험을 구체적으로 표현하는 구조이다. Situation(상황) − Task(과제) − Action(행동) − Result(결과) 순서로 작성하면 좋다. 어떠한 상황(S)에서 과제(T)가 있었는데, 적극적인 행동(A)을 취함으로써 원하는 결과

상시채용 단계별 취업 전략 TIP

직무 선정	기업 분석	콘셉트 설정	서류 작성	면접 훈련
직업 및 직무 설정	채용 정보 탐색	주제 정하기	키워드 도출	1분 자기소개 준비
직무 역량 파악	기업 정보 수집	키메시지 선정	STAR 기법 작성	스토리텔링
핵심 역량 탐색	기업 분석	에피소드 선정	피드백 받기	모니터링

(R)를 얻었다는 스토리로 이해하면 된다. 주어진 과제만 체크했을 때는 수동적인 인재만 뽑을 수 있다. 그래서 면접관들은 Task(과제) 대신 Target(목표)를 물어본다. 자주 면접을 하다 보면 흔히 사람들 간에 일어날 수 있는 Trouble(문제)를 묻는 경우가 많다. 3T 방법을 사용하면 이야기가 풍부해진다.

5. 상시채용에 맞게 미리미리 면접 준비를 하라

상시채용은 365일 항상 열려 있기 때문에 지원하고서 잊어버리는 경우도 있다. 자기소개서 등 입사 서류는 물론 면접도 사전에 준비해야 빠르게 대응할 수 있다. 직무 능력을 보여줄 수 있는 관련 지식과 자격증, 경력사항을 미리 작성하고 직무에 맞춰 면접을 준비해야 한다. 준비가 덜 된 상태에서 면접에 나가면 시나리오 없이 무대에 서는 꼴이 된다. 자기소개서를 작성할 때 면접 스크립트를 준비하면 좋다. 지원하는 직무에 대한 다양한 역량을 보여줄 수 있는 사례를 담

아 작성하고, 지원할 기업의 면접 절차와 면접 예상 질문에 대한 답
변을 정리해본다. 공채와 달리 상시채용은 미리 챙겨두는 것이 키포
인트이다.

참고문헌

· 김진희, 〈"공채보다 수시"…코로나가 바꾼 채용 트렌드〉, 세계비즈, 2020. 5. 11.

· 변종국, 〈정의선 체제 2년… 현대차, 공격 투자로 위기돌파 기반 다져〉, 2020. 8. 24.

· 마크 펜 · 메러디스 파인만, ≪마이크로트렌드X≫, 길벗, 2018.

· 존 나이스비트 · 도리스 나이스비트, ≪미래의 단서≫, 부키, 2018.

· 정우택, 〈정기공채 저물고 상시채용 뜬다… 대기업 중심 언택트 전형도 늘어〉, 영남
일보, 2020.07.09.

비대면 채용

채용 생태계의 변화

내 인생의 모토는 계산된 위험을 지는 것이다. 위험을 마다하지 않되 면밀히 계산한 뒤 뛰어들어야 한다. 위험을 감수하지 않는 사람은 타조와 같다. 타조의 습관은 모래에 자신의 머리를 푹 집어넣는 것이다. 다시 말해 숨을 수 없는데 숨으려고 하는 비겁한 동물이 타조이다. 가장 큰 위험은 전혀 위험을 지지 않으려는 데 있다.
- 피터 겔브

JOB TREND

01 지금은 접촉하지 않고 접속하는 시대

2020년 코로나19를 기점으로 이전은 '컨택트 소사이어티', 이후의 새로운 경제 질서를 '언택트 소사이어티'라고 부른다. 컨택트 시대에는 경제 발전을 예측할 수 있었던 반면 언택트 시대에는 예측과 대응이 더 힘들어진다. 기업들의 채용에도 많은 변화가 나타나고 있다. 여전히 신입 공채 일정을 잡지 못하는 곳이 태반이지만 그나마 채용을 재개한 곳들도 이전과는 다른 방식을 보이고 있다. '사회적 거리 두기'에 동참하면서 동시에 다수가 모이는 방식의 전형은 사실상 사라졌다.

요즘은 택배도 직접 전하지 않고 각 가정의 문 앞이나 무인 보관함에 놓고 가면 찾는 방식으로 변하고 있다. 기존에는 선택적 비대면 배송을 진행했지만 이제 모든 택배가 비대면 배송으로 바뀌고 있다.

접촉(contact)은 현실에서 사람과 사람을 연결하지만 비접촉(uncontact)은 물건을 사는 것부터 우리의 사회적 관계까지 바꾸고 있다. 코로나19 여파로 산업계 곳곳에서 사람 간 접촉을 최소화하려는 '언택트' 열풍이 거세게 일면서 사회 트렌드도 바뀌고 있다. 비대면 전환이 쉬운 택배는 물론 '인사가 만사'라며 과거라면 상상도 못 했을 기업 채용마저 비대면으로 진행되는 분위기다.

비대면 채용 시대가 온다

코로나19 이전에는 만나면 으레 악수를 했지만 언택트 시대에는 악수 대신 주먹을 서로 마주친다. 중국에서는 두 손을 모으는 전통 인사법으로 대체되고 있다. 서로 볼을 맞대며 친밀함을 표현하는 유럽식 볼 키스는 거의 볼 수 없고 그동안 얼굴을 가리면 범죄자라는 인식 때문에 마스크를 기피했던 사람들조차 마스크를 쓴다. 이른바 '언택트' 현상이다.

우리는 그동안 직접 대면(對面)하고 만나야 한다는(meeting) 고정관념을 갖고 있었다. 회의, 면접, 강의 등을 할 때도 서로 마주 보고 진행했다. 기존에도 비대면 방식이 있었지만 활성화되지 않았던 이유는 굳이 할 필요가 없었기 때문이다. 하지만 직접 만나 얼굴을 마주 보는 데 익숙한 사람들도 접촉으로 위험성이 높아지자 강제로 '사회적 거리두기'를 시작했다. 전염 가능성이 높은 상황에서는 결국 언택트로 갈 수밖에 없다. 이제 채용마저 면대면 방식에서 비대면 방식으로 변하고 있다.

기존 채용과 언택트 채용의 차이

구분	기존 채용	언택트 채용
개념	오프라인 채용 방식	온라인 채용 방식
채용 기술	서류전형, 면접전형 등 인사 담당자의 수작업 증가	AI 기술 도입으로 AI 채용 지원
공간 이동	기존 면접장까지 가야 하므로 시간과 비용 증가	면접장까지 가지 않아 시간과 비용 절약
비용 절감	면접 복장 구입비 증가	평상 복장이 많으니 면접 복장 구입비 절감
지원 방식	오프라인으로 직접 가는 데 시간 지연	쉬운 지원 방식으로 즉각적 지원
채용 정보	오프라인 취업박람회 참석 시 시간 소요	유튜브, 랜선 박람회의 풍부한 정보
대인 피로감	과잉 연결에 따른 심리적 피로감으로 대면 접촉 회피	꼭 필요한 접속으로 대인관계 피로감 절감

바야흐로 '언택트 소사이어티'다. 사회적 거리두기로 인해 일상의 전반이 디지털화되고 있다. 채용의 결정은 대부분 면접을 통해 이루어진다. 취준생들은 자신의 존재감을 알리고, 기업의 입장에서는 고용 브랜딩 콘텐츠와 함께 인재 파이프라인을 유지해야 한다. 언택트 소사이어티는 기회와 위기가 동전의 양면처럼 도사리고 있다. 불편한 점도 있겠지만 반면 편리한 점도 있다. 언택트 기술로 이어지는 소통과 관계, 협업 등은 기업들의 일하는 방식에 영향을 줄 전망이다. 달라진 업무 환경은 조직 구성원들 간의 소통도 이전과 다른 방

식을 요구하고 있다.

비대면 문화는 고맥락문화의 사람들에게는 낯설다. 고맥락 문화권에 속하는 한국은 더욱더 불편하다. 원래 '고맥락 문화(High Context Culture)'는 문화 인류학자 에드워드 홀이 1976년 《문화를 넘어서(beyond culture)》에서 문화 간 다양성을 이해하기 위해 제안한 개념이다. 고맥락 문화에서는 사회적 유대감을 바탕으로 의사소통을 하고 단어들이 해석된다. 많은 말을 하지 않아도 몇 단어로도 의미가 전달될 수 있기 때문에, 단어가 내포하는 문화적 맥락이 높은 것을 말한다. 특히 비대면 소통에서 고맥락문화 사람들은 정확한 비언어적 표현이 어렵고, 화상이나 소리가 들린다고 하나 직접 대면으로 만나는 것이 불편하다. 2020년 한국 사회는 재택·원격 근무를 경험했다. '왜 일을 하는가?'에서 '어디서 일을 하는가?'로 바뀌고 있다.

언택트 채용은 엄밀히 말하면 컨택트리스(contactless)로 가는 것이다. 직접 접촉하지 않는다는 뜻이다. 코로나19로 외출이 줄어들면서 대면 대신 화상으로 면접을 하고, 고사장에서 인적성검사를 보는 대신 온라인으로 치르는 쪽으로 급격히 변화했다. 이제 나이를 불문하고 언택트, 비대면, 온라인에 익숙하다. 언택트 채용은 단순히 화상면접에 국한하는 것이 아니다. 온라인 입사 지원부터 온라인 적성검사, AI 채용, 채용 상담 챗봇, 랜선 박람회, 원격 채용 등 다양하게 확산되고 있다. 포스트코로나 시대에도 '언택트 소사이어티'가 강화될 것이다. 앞으로는 인공지능, 증강현실(AR), 사물인터넷(IoT) 등 새로운 기술과 맞물려 새로운 채용의 변화를 촉진할 것으로 전망된다.

02 언택트 소사이어티 - 세계 동향

세계적 기업들은 이미 비대면 채용에 앞장서고 있다

해외에서는 이미 직접 만나지 않고 비대면만으로 채용하는 기업들이 있다. 아예 화상면접도 하지 않는 기업이 세계적으로 유명한 워드프레스(WordPress)를 운영하는 오토매틱(Automattic)이다. 70여 개국에 1,170명의 직원이 원격근무를 하는 '오피스 프리(office free)' 기업으로도 유명하다. 오토매틱의 일원이 되기에 적합한 성격과 역량을 갖춘 인재를 뽑을 수 있는 까다로운 채용 시스템이 중요한 역할을 했다. 오토매틱의 채용 프로세스를 살펴보자.

오토매틱은 구글처럼 직원 채용에 신중한 편이다. 일단 리모트 워크 시스템으로 일하기 위해서는 핵심 역량이 있어야 하기 때문이다. 예를 들어 소프트웨어 개발자의 경우 먼저 서류전형부터 이루어진다. 면접도 대면으로 하지 않고 채팅으로 진행한다. 코드 인터뷰(code interview)는 다른 기업과도 비슷하다. 1차 면접 통과 후 일정 기간 주어진 업무를 수행하는 트라이얼 프로젝트(Trial Project)를 맡긴다. 트라이얼 프로젝트는 오토매틱 채용의 독특한 특징이다. 약 한 달 동안 시급을 주고 실제 업무를 해보면서 함께 일할 수 있는지 맞춰보는 것이다. 마지막으로 최종 면접, 파이널 챗(final chat)은 CEO와 직접 텍스트로 진행되는데 연봉 협상까지 채팅으로 끝난다. 얼굴 한 번 보지

오토매틱의 언택트 채용 프로세스

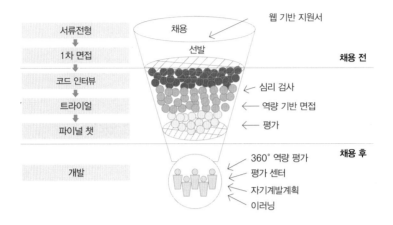

않고 채용이 결정되는 것이다.

그동안 서류 작업, 파일, 이메일 작성 및 기타 반복적인 수작업으로 인해 HR팀이 최고의 성과를 거두지 못했다. 딜로이트 컨설팅(Deloitte)이 실시한 설문 조사에 의하면, 평균적으로 HR 직원이 한 시스템에서 다른 시스템으로 데이터를 입력하거나 다른 작업에 데이터를 입력하는 관리 업무에 40%의 시간을 소비한다는 것이다. 점차 '화이트칼라'의 일자리가 사라지고 있다. 인공지능이 똑똑해지면서 반복적 작업을 자동화하는 '로보틱 프로세스 자동화(RPA, Robotic Process Automation) 솔루션'이 서류 작성 업무를 대신해준다. 사람이 반복적으로 처리해야 하는 단순 업무를 로봇 소프트웨어가 자동으로 처리해주는 것이다. AI 로봇이 서류 분석, 보고서 작성, 메일 회신, 직원 채용, 성과급 지급 등의 업무를 처리해준다. IBM은 기업 사무직 업무의 63%가 RPA로 대체될 것이라고 전망한다.

언택트 채용을 하면 어떤 장점이 있는가?

구글, 링크트인, 아마존 등도 언택트 채용으로 전환했다. 링크트인은 화상으로 면접을 본다. 구글은 자사의 화상회의 애플리케이션 '행아웃' 등을 통해 전 세계 지원자들의 면접을 진행한다. 이 밖에 컨설팅 기업 PwC와 아마존도 화상면접을 보고 있다. 인터넷, 5G, 인공지능, 사물인터넷, 증강현실, 가상현실, 플랫폼 비즈니스 등이 언택트 산업을 강화하고 있다. 언택트 채용을 통해 채용 비용과 시간의 효율적 감축, 지원자의 만족도를 체감한 기업들이 많아지면서 앞으로 대기업, 중소기업, 공기업 할 것 없이 온라인 시험 방식, 화상면접 등이 확산될 것으로 전망된다.

1. 언택트 채용은 감염의 우려와 편견을 줄일 수 있다

대면 채용을 하면 채용 비리의 여지가 있는데, 언택트 채용을 하면 인력 다양성을 억제할 수 있는 암시적 편견을 감소시킬 수 있다. 언택트는 자연스럽게 블라인드 채용이 되는 것이다.

2. 언택트 채용을 하면 HR팀 입장에서 인재풀을 확장하기 쉽다

인터뷰 대상을 결정하는 데 더 이상 이력서에만 의존하지 않으므로 더 많은 지원자들을 평가할 수 있다.

3. 언택트 채용은 채용 프로세스의 유연성 및 확장성을 가져온다

더 민첩하게 채용 프로세스를 변경해서 확장할 수 있다. 첫날부터 직원에 대한 데이터를 수집하고 근무 성과를 관리할 수 있다. 대졸 공채 신입사원의 경우 2~6주의 입문교육을 통해 조직문화, 사업, 직무에 대한 이해를 높이는 반면 경력사원의 온보딩(onboarding)은 간소하게 이루어지는 경우가 많다. 온보딩이란 신입사원이 새로운 직장에 적응하도록 돕는 것을 의미하는 HR 분야의 용어이다. 수시채용이 증가하는 추세로 온보딩을 통한 신입사원의 조기 전력화는 조직 생산성에서 중요한 이슈가 되고 있다. 링크트인은 채용이 확정된 입사 예정자에게 회사의 드레스코드부터 첫날 일정, 미션, 문화, 사업 영역에 이르기까지 조직 전반을 소개하는 신입사원 환영 키트를 배포한다. 언택트 채용은 입사 지원부터 퇴사까지 시스템 관리가 가능하다.

JOB TREND
03 언택트 소사이어티 - 국내 동향

최근 국내 채용시장에서 가장 핫하게 떠오른 화두는 비대면 채용, 언택트 채용이다. 언택트 채용은 크게 AI 채용, 온라인 필기시험, 온라인 인적성검사, 화상면접, 채용설명회, 랜선 채용박람회 등을 포괄한다. 가장 먼저 삼성그룹이 삼성직무적성검사(GSAT, Global Samsung Aptitude Test)를 온라인으로 치뤘다. 온라인 시험은 삼성이 신입사원 공채를 시작한 1957년 이후 처음이다. 코로나19로 촉발된 언택트 시대에 국내 기업 최초로 실시하는 대규모 온라인 채용시험이라는 점에서 큰 의미를 갖는다. 최근 감염병 우려가 지속되고 있는 상황에서 대중교통 이동, 대규모 인력 밀집 등에 따라 발생할 수 있는 감염 위험을 적절하게 차단했다는 평가다. 국내에서 채용 규모가 가장 큰 삼성이 큰 문제없이 마무리하면서 앞으로 채용시장에서 언택트 방식이 새로운 트렌드로 더욱더 가속화될 것이다.

'사회적 거리두기'의 핵심은 감염원과의 접촉을 차단하는 것이다. 극장, 노래방, PC방 등 사람들이 많이 모이는 밀폐 시설의 영업을 중단하도록 권고하거나 대규모 집회를 금지한 것이다. 채용시장도 이러한 상황에 영향을 받지 않을 수가 없다. 안산도시공사는 지난 4월 2,000평 규모의 야외 종합운동장에 사방 5m 간격으로 책상을 놓고 인적성검사를 진행해서 화제가 되기도 했다.

100% 언택트 채용을 하는 기업

한국에서도 서류 접수부터 면접까지 100% 비대면 채용을 도입한 기업이 있다. 네이버 자회사 라인플러스는 소프트웨어 신입사원 공채에서 코딩 테스트를 온라인으로 진행하고 모든 면접을 원격으로 진행한다. 2020년 신입 개발자 공채는 온라인 코딩 테스트에 합격한 지원자들을 대상으로 서류전형, 1차 면접, 최종 면접 모두 라인 그룹콜 등을 활용해 화상으로 이뤄진다. 라인은 코로나19가 발생하기 이전부터 면접관이 출장을 가는 등, 상황에 맞춰 경력직을 화상면접으로 뽑은 경험과 인프라를 확보하고 있다. "지원자들이 지방이나 해외에 거주해도 시간 · 장소에 상관없이 면접에 응할 수 있고 이동이나 대기에 필요한 시간도 줄일 수 있다"고 라인 관계자는 설명한다.

이스트소프트도 모든 전형을 온라인으로 대체하고 1 · 2차 면접을 모두 온라인으로 진행한다. 카카오는 상시 경력 채용을 언택트로 진행해 잠재력 있는 신입 개발자 영입에 적극 나서고 있다. 비대면에 기초한 언택트 흐름이 대세로 자리 잡으면서 신규 개발자 수요가 늘어가고 있는 상황이기 때문이다.

카카오의 2020년 하반기 신입 채용 규모는 100명 이상으로 2019년 40명보다 2배 이상 많다. 카카오는 지원서에 학력, 전공, 나이, 성별 등의 정보를 기재하지 않는 블라인드(blind) 방식을 이미 3년 전부터 진행해왔고 올해도 어김없이 진행된다. 우수 개발자를 선발하기 위해 채용 과정에서 스펙이 아닌 능력 검증을 통해 지원자의 개발 역량과 업무 적합성을 집중적으로 보겠다는 취지다. 채용 전형은 1차 온라인 코딩 테스트를 시작으로 2차 온라인 코딩 테스트와 1·2차 인터뷰 순으로 진행된다.

SK텔레콤은 이동통신 업계 최초로 '언택트 채용'을 도입해 인재 영입에 나섰다. 온라인 채용 설명회 'T커리어 캐스트'를 SK그룹 유튜브 채널에서 중계한 바 있다. 오프라인 채용설명회를 대체하는 첫 온라인 설명회에서 실시간 채팅을 통해 질의응답이 진행된다. 이후 서류전형, SK종합역량검사(SKCT)와 화상면접 등이 진행된다. 지원자와 평가자가 실제로 만나 대화하는 것과 같은 효과를 얻을 수 있는 온라인 화상면접을 도입한다. '언택트 채용'의 제한적인 환경을 극복하기 위해 면접관 교육도 강화한다. 면접관들은 교육과정을 수료해야만 면접에 참여할 수 있다.

수시채용 과정에서 화상면접을 실시했던 SK이노베이션도 향후 온라인 시험 도입 여부를 검토할 계획이다. 이전에도 해외 사업장의 직원을 채용할 때 화상면접을 진행한 경험이 있다. 이번 온라인 채용 과정에서 응시생들의 반응이 좋았기 때문에 긍정적으로 살펴보고 있다. 실제 SK이노베이션의 경우 당시 온라인 면접을 치른 응시생들 사이에서 집이라는 익숙한 공간에서 편안하게 화상으로 면접을 볼 수 있어 만족스러웠다는 반응도 있다.

SK이노베이션은 신입사원 모집에 상담용 챗봇(chatter robot)을 도입 해서 보다 스마트한 방식으로 지원자와의 소통을 강화한다. 챗봇은 사용자가 별도로 웹사이트나 앱을 실행하지 않고도 대화하듯 정보를 얻을 수 있는 서비스다. 이 챗봇은 전형 일정, 전형 내용, 인재상, 직 무 정보 등 지원자들이 주로 궁금해하는 질문에 대해 실시간으로 정 해진 응답 규칙에 따라 답변한다. 특히 딥러닝 알고리즘을 적극 활용 해 질문을 받을수록 의도를 정확히 이해하고 답을 제공한다. 기존에 는 지원자들이 채용에 대한 궁금증이 생기면 직접 인사팀에 연락하 거나 게시판에 질문을 접수하고 답을 기다리느라 많은 시간을 할애 해야 했지만, 챗봇 도입으로 언제라도 질문을 하고 바로 답을 얻어 전형 준비에 매진할 수 있다.

LG전자는 경력직 지원자에 대해 1차 실무면접을 화상면접으로 진 행하고 있다. 카카오는 상시채용 지원자의 면접을 화상으로 보고 있 고, CJ그룹은 일부 직군 공채에서 화상면접을 도입한다. GS네오텍 의 경우 올해 상반기 IT사업부의 공개채용을 클라우드 기반 화상회 의 서비스를 활용해 진행했다. 지원자가 사전 고지된 시간에 '아마존 차임(Amazon Chime)'에 접속해 면접에 참석하고 면접관은 이력서, 포 트폴리오를 실시간으로 확인하며 질문을 이어가는 방식이다. 현대모 비스는 확 달라진 채용문화를 공개하고 나섰다. 정기공채와 상시채 용을 병행하는 이른바 '하이브리드 채용(Hybrid hiring)' 방식을 올해 처

국내 기업별 언택트 채용 상황

구분	기업	언택트 채용
전부	라인플러스	100% 비대면 채용
전부	이스트소프트	온라인 공개채용 실시
면접	카카오	화상면접 채용
면접	SK 텔레콤	유튜브 채널로 온라인 설명회 SK종합역량검사(SKCT)와 화상면접 언택트 채용 면접관 교육
면접	LG전자	경력직 화상면접 진행
온라인 시험	삼성	온라인 적성검사 진행
채용	현대모비스	온라인 인적성검사(HMAT) 진행 화상면접 준비

음 도입하고 채용시장에 신선한 바람을 불어넣고 있다. 현대모비스 채용의 가장 큰 특징은 졸업 시점과 연계한 상·하반기 정기공채에서 신입사원을 우선 선발하고, 각 사업부별 특성에 맞는 맞춤형 인재가 필요할 때는 상시채용을 실시하는 방식이다. 신입사원 공개채용에서 서류심사 후에 온라인 인적성검사(HMAT), 화상면접 순으로 진행된다.

키오스크를 활용한 언택트 채용도 시작되었다

코로나19 확산으로 대면 채용 행사 개최가 어려운 상황에서 구직자들의 취업을 돕기 위해 언택트 채용 행사가 마련되고 있다. 수원시는 키오스크(무인정보단말기)를 활용한 비대면면접으로 51명을 채용한다. '2020 비대면 희망 일터 채용 면접 행사'로 구직자와 면접관이 직접 만나지 않고 동영상 채용이 이뤄진다. 수원시 인생이모작지원센터에 설치된 키오스크를 활용해 5개 내외의 면접 질문에 답변하는 동영상을 촬영하면 된다. 기업의 채용 담당자는 키오스크 면접 동영상을 보고 채용 및 추가 면접 여부를 결정한다.

오프라인 채용설명회를 온라인으로 대체하는 흐름도 나타나고 있다. 포스코, 포스코인터내셔널, 포스코건설, 포스코케미칼 등 4개사의 상반기 신입사원 채용을 시작한 포스코그룹은 현장 설명회 등 오프라인 활동을 전면 취소하고 자체 SNS 채널 등을 통해 지원자들을 위한 인터뷰 동영상 등을 제공하면서 채용을 진행하기로 했다. 신입사원 공채를 시작한 롯데그룹은 채용 관련 유튜브 채널을 개설하여 33개 계열사의 인사 · 직무 담당자들이 출연하는 콘텐츠를 제공한다.

금융권에서는 신한은행이 디지털 · ICT 및 기업금융 분야에 한해 언택트 수시채용을 실시하기로 했다. 신한은행 역시 온라인으로 접속해 질문에 답하고 미션을 수행하는 인공지능 역량 평가와 실무자 화상면접 등 전 과정을 비대면으로 진행한다. 이 같은 채용 방식은 코로나19 사태에 기인한 영향이 크지만, 이미 국내 주요 기업들이 전사적으로 디지털 트랜스포메이션을 추진해왔다는 점에서 언택트 채용의 확산도 빨라질 것으로 보인다. 온라인 채용 프로세스도 빠르게 변화하고 있는데, 《채용 트렌드 2020》에서 다루었던 AI 채용이나 블라인드 채용과도 연관된다.

04 언택트 소사이어티의 문제와 논란

언택트 채용이 확산될수록 부작용도 있을 것이다. 전형 과정이 변경되면 취준생뿐만 아니라 기업도 혼선이 생길 수밖에 없다. 그 때문에 온라인으로 진행하고 싶어도 전형을 바꾸지 못한 부분도 있었다. 특히 부정행위와 공정성 시비가 불거질 가능성이 있다. 예를 들어 필기시험을 온라인으로 실시하면 오픈북 시험처럼 바로바로 정보를 찾아 응시하는 편법을 쓰는 수험생도 분명 등장할 것이다. 시험을 잘볼 수 있는 대리 응시자를 옆에 앉혀두고 응시할 수도 있다. 삼성은 예비소집 및 화상 원격 관리 감독 시스템을 통해 부정행위를 사전에 방지하겠다고 밝혔다. 하지만 관리 감독에 대한 일각의 우려는 여전하다. 인터넷 접속 오류, 에러 등 변수 발생 가능성, 노트북 등 기기준비 및 시험 환경 세팅의 어려움을 호소했다. 프로그래머 채용에서 코딩 테스트를 비대면으로 진행할 때 유사 코드를 검증하는 시스템을 통해 부정행위를 방지하고 있다. 특히 화상면접은 지원자가 노트북이나 PC 등을 통해 원격으로 응할 수 있다. 화상면접을 볼 때 웹캠을 통해 채용 담당자가 진행 과정을 기록하는 방안도 검토 중이다. 화상면접을 대비해서는 카메라 앞에서 말하는 것이나 표정, 조명, 마이크 등 여러 상황을 점검해야 한다.

라인플러스, 이스트소프트 등 일부 기업들은 100% 언택트 채용을 진행하기도 했다. 이러한 상황에서 클라우드와 메신저 등 여러 업무 툴의 사용이 자연스럽게 늘어났다. 기업 입장에서는 언택트 채용 시 비용이 많이 들고, 시험 문제 유출 등 차후 관리까지 생각하면 쉽게 생각할 수 있는 것이 아니다. 온라인 적성검사를 진행할 예정인 E1 관계자도 "코로나19 사태가 심화해 온라인 적성검사를 시행할 경우 정답이 없는 인성검사 위주의 역량검사를 실시해서 부정행위 가능성을 사전에 방지할 예정"이라며 "웹캠을 통해 채용 담당자가 진행 과정을 기록하는 방안도 검토 중"이라고 전했다. 취준생들은 전례 없는 비대면 채용 방식에 우려를 나타내면서도 언택트라도 응시할 수 있어 다행이라는 입장이다.

포스트 코로나 시대에 우리의 삶은 언택트 중심으로 재편될 것이다. 각종 회의와 행사, 면접 등은 빠르게 온라인으로 대체되었다. 오프라인 모임은 화상회의, 웨비나(웹+세미나), 온라인 간담회 등으로 대체되었고 전시회나 공연 관람뿐 아니라 학교 수업과 채용까지 온라인으로 진행하고 있다. 기업들은 안면 인식 출입 시스템과 온라인 직원 교육 등을 도입하고 있다. 하지만 언택트가 일상화된 사회는 부작용이 적지 않을 것으로 예상된다.

언택트 소사이어티는 양면성을 갖고 있다. 언택트 시대의 기술 발전과 달라진 세상에 마냥 감탄할 수만은 없는 상황이다. IT 기술이 발달한 만큼 다수를 위협하는 공격자들의 보안 위협 역시 커지고 있기 때문이다. 무엇보다 보안 체계가 제대로 이루어지지 않으면 보안 사고가 증가할 수밖에 없고 사이버 세상에서 새로운 유형의 범죄가 일어날 가능성이 크다. '코로나19'를 연결 지어 보안을 위협하는 사례가 수도 없이 많았다. '코로나19' 키워드를 부각하며 피싱·스미싱 메일을 보내거나 마스크를 판다며 유인하는 사례, 가짜 보안 사이트까지 등장했다. 온라인과 비대면의 일상화는 그들에게 더 많은 먹잇감을 제공하고, 상대적으로 보안이 취약한 이용자들도 많아진다. 언택트 시대가 해커들에게는 최적의 시기인 셈이다.

게다가 언택트 환경은 시니어들에게 불편하다. 과거 사람이 해왔던 일들을 기계가 대신하면서 향후 일자리 감소 문제 및 언택트 디바이드(untact divide) 현상이 함께 나타나고 있다. 무인 주문 시스템이 빠르게 도입되고 있는 패스트푸드 매장에서 주문을 포기하고 돌아서는 사람들도 생긴다. 언택트 디바이드란 언택트 기술이 늘어남에 따라 이에 적응하지 못하는 사람들이 불편을 겪는 것으로 주로 디지털 기기에 익숙하지 않은 시니어들에게서 나타난다. 인력이 필요하지 않은 곳은 기술로 대체하고 대면 접촉이 필요한 곳에는 인력을 재배치하는 방법이 병행되어야 된다. 급속도로 진행되는 디지털 전환 과정에서 일자리가 사라지고 있다. 비대면 접촉도 궁극적으로 인간이 중심이 돼야 한다. 디지털과 인공지능으로 연결된 편리한 세상도 있지만 반대로 바쁘고 힘든 플랫폼 노동자의 일상도 있다. 언택트 기술을 도입하는 곳이 증가하면서 문제점도 더욱더 커질 것이다.

05 기업이 언택트 채용을 선호하는 5가지 이유

기업들이 언택트 채용을 적극적으로 도입하는 이유는 면접관과 지원자들의 안전을 위해서도 있지만, 이미 리모트 워크에 익숙한 만큼 선제적으로 채용 방식을 온라인에 접목한 것이다.

첫째, 사람들과의 접촉이 부담되기 때문이다. 코로나19 확산 방지를 위해 비대면 채용을 도입하는 기업이 늘고 있다. 우리가 불편함을 무릅쓰고 '사회적 거리두기'를 일상의 변화로 받아들이는 가장 큰 이유는 안전과 보호 욕구 때문이다.

둘째, 시간과 장소에 구애받지 않기 때문이다. 장소 제약 없이 누구든 면접을 볼 수 있는 만큼 해외나 지방에 있는 인재들도 채용 과정에 참여할 수 있다. 지원자도 지방, 해외 등 지원할 수 있는 기업의 폭이 다양해지고, 이동이나 대기 시간을 줄일 수 있다. 기업은 언택트 채용이 다양한 인재를 끌어모으는 계기가 될 것으로 기대한다.

셋째, 취준생이 언택트 채용을 선호하는 이유는 더 많은 응시 기회가 주어지기 때문이다. 예전에는 장소 문제나 일정이 겹쳐 포기하는 일이 있었는데, 노트북이나 PC, 스마트폰 등만 있으면 장소에 제한받지 않고 시험이나 면접을 볼 수 있다. 그렇다고 무조건 응시하기보다는 진짜 취업을 할 곳과 유사한 지원 분야에 초점을 맞출 필요가 있다.

넷째, 언택트 채용 방식은 관리하기가 훨씬 편하다. 직접 인사 담당자와 대면하는 것이 부담스러워서 온라인 방식이 편리하다고 하는 지원자들도 있다. 젊은 층은 온라인 활용도가 높다 보니 경쟁자의 영향을 받지 않고 자신의 실력을 발휘할 수도 있다. 특히 언택트 채용은 데이터베이스화되기 때문에 인사 담당자 입장에서 훨씬 관리하기 편하다.

다섯째, 기업은 언택트 채용으로 비용 절감을 할 수 있다. 기업 입장에서는 아무리 좋은 솔루션이라도 비용이 많이 들고 효과적이지 않다면 사용하지 않을 것이다. 기존의 인력을 줄일 수 있는 채용 솔루션은 비용 절감에도 한몫하고 있다. 반대로 그만큼 채용 리스크가 있다는 점을 간과해서는 안 된다.

참고문헌

· 권혁준, 〈코로나19가 불러온 '언택트' 시대, 진화하는 '보안위협' 대응해야〉, 뉴스1,
  2020. 4. 26.
· 김보경, 〈현대모비스, 정기+상시 '하이브리드 채용' 도입〉, 한국경제, 2020. 7. 6.
· 신선영, 〈수원시, 키오스크 활용한 비대면 채용행사 마련〉, 아시아타임즈, 2020. 6. 10.
· 옥승욱, 〈포스코그룹, 2020년 상반기 신입 채용 시작〉, 뉴데일리, 2020. 3. 11.
· 이지민, 〈"화면발 안 받는데…"'언택트 채용' 바람에 취준생 혼란〉, 스냅타임,
  2020. 4. 2
· 임권택 · 김용범 〈"코로나노믹스 시대, 긴 호흡 필요"…"기간산업 정책지원 검토"〉
  파이낸셜신문, 2020. 4. 3.
· 장진혁, 〈[비대면사회⊕] 혼밥 유도 · 화상면접…재계 '언택트' 총력〉, 뉴스웍스,
  2020. 3. 15.
· 에드워드 홀, 《문화를 넘어서(beyond culture)》, 한길사, 2013.

화상면접

새로운 면접의 형태

인간은 어떤 사람의 능력을 평가할 때 본인이 말하고 행하는 것보다 그의 외적인 모습에 유의해서 평가하는 경향이 있다. 이런 점에서 얼굴은 매우 중요하다. 즉, 그의 행동이 어떠한 가도 중요하겠지만 그의 얼굴은 그의 가치에 커다란 영향을 주기 때문이다. **- 찰스 박스턴**

01 지금은 집에서 면접을 보는 시대다

코로나로 인해 취준생들은 마스크를 쓰고 면접을 진행하고 있다. 코로나19 확산으로 '사회적 거리두기'가 시행되면서 대면 접촉이 어려워지고 있기 때문이다. 밀집된 공간에서 서로 만나지 않고 면접을 진행하는 방식이 '비대면 채용'이다. 채용문화가 컨택트에서 언택트로 바뀌면서 2021년에는 직접 만나지 않는 화상면접이 더욱더 강화될 것이다.

2020년에는 AI 채용이 본격화되었으며 2021년에도 화상면접이 더욱 다양한 방식으로 변화할 것이다. AI 채용과 화상면접을 함께 진행하는 기업도 늘고 있다. 2021년에는 모니터와 노트북 카메라를 보면서 진행하는 화상면접이 대세가 될 것이다. 코로나19로 대면할 수 없는 상황에서 실제로 화상면접을 진행해보니 면대면면접과 큰 차이가 없다는 긍정적인 피드백이 많다. 처음 화상면접에 비판적이던 인사 담당자들과 취업준비생들도 화상면접에 차츰 적응해가고 있다. 이제 화상면접 시대에 적극적으로 대비해야 하는 시기가 왔음을 깨달아야 한다.

기존 면접과 화상면접의 비교

	면대면면접 (face to face)	화상면접 (video interview)	전화면접 (phone interview)
장점	얼굴, 몸동작을 볼 수 있기 때문에 상대 의도를 잘 파악할 수 있음.	직접 면접장에 가지 않아 시간이 절약됨.	목소리만 듣기 때문에 목소리가 좋고 발음이 좋은 사람에게 유리함.
단점	이동 거리와 시간이 많이 들어서 채용 비용 상승.	화상으로 만나니 실재감이 없어서 긴장이 안 됨.	서로 얼굴을 보지 않아 친밀감이 생기기 힘듦.
유의점	단정한 복장, 올바른 자세, 악수 등 첫인상이 중요함.	스크립트를 띄워놓고 답을 하면 눈동자가 돌아가서 어색함.	2~3초도 길게 느껴질 수 있으니 즉각적으로 대답해야 함.

사실 화상면접의 확산은 채용 트렌드에서 이미 오래전부터 예견되었던 일이다. 면대면면접은 이동 거리와 시간과 인원이 많이 필요하므로 채용 비용이 증가하기 때문이다. 화상면접은 갑자기 하늘에서 툭 떨어진 것이 아니다. 외국계 기업에서는 이미 보편화된 방식이며, 교수 임용 시에 해외 거주자의 경우 화상면접을 통해 최종 임용된 사례도 있다. 해외 거주 지원자가 화상면접을 통과해, 최종 면접 대상이 될 경우 항공료 일부를 지원하기도 한다. 해외 기업은 비용 측면을 고려해서 화상면접을 채택해온 것이다. 사전면접을 전화로 하는

경우도 있다. 전화면접은 먼저 인사 담당자가 전화로 면접 가능한 시간을 확인하고, 차후에 이메일로 전화면접 시간을 받는다. 전화면접이나 화상면접이라고 해도 면대면 방식과 유사하게 질의응답을 하는 면접의 본질에는 변화가 없다. 면대면면접과 화상면접에서 답변을 다르게 준비할 필요는 없다. 단지 화상을 통해 면접을 본다는 상황만 달라졌을 뿐 기존 면접을 준비하듯이 면접 시뮬레이션을 해보면 좋다.

화상면접이 확산되는 이유

왜 갑자기 화상면접이 확산되는 것일까? 코로나19로 인한 감염 위험도 있지만 무엇보다 비용 절감과 공정성을 확보하기 위해서다. 처음에는 어색하고 적응하기 힘들겠지만 몇 번만 해보면 면접관이나 면접자들 모두 어느 정도 익숙해질 것이다. 외국계 기업은 서류전형으로 알아보기 힘든 부분을 화상으로 진행한다. 코로나19로 인해 국내도 줌이나 웹엑스, 팀즈 등으로 화상면접을 실시하는 기업이 많아지고 있다. IT기업이나 중소기업도 화상으로 1차 면접을 하고 있다. 하지만 그렇다고 모든 면접이 당장 화상면접으로 대체되는 것은 아니다. 최종 면접은 아직도 면대면으로 이루어져야 한다는 인식이 남아 있기 때문에 전부 화상면접으로 전환하기는 쉽지 않을 것이다. 지원자들은 전화면접과 화상면접이 어떻게 진행되는지 미리 시뮬레이션을 해봐야 좋은 결과가 나올 것이고, 채용 담당자들은 도입을 고려할 시점이다.

02 화상면접 - 세계 동향

화상면접이 경계를 무너뜨리고 있다

해외에서는 이미 화상면접을 진행하고 있는 기업이 많다. 미국의 채용 플랫폼 잡바이트(www.jobvite.com)의 조사에 따르면 15개 업계 채용 담당자 200명 중 84%가 "채용 과정에서 소셜미디어(SNS), 이메일, 챗봇, 화상회의 서비스 등 원격 의사소통을 적극 수용한다"고 답했다. 채용 과정에서 화상면접은 물론 다양한 원격 의사소통을 통해서 지원자를 걸러내고 있는 것이다. 구글은 43개국 인턴십 면접을 화상으로 전환했으며, 페이스북과 마이크로소프트도 대면면접 대신 화상면접을 채택하고 있다. 국내에서 일할 직원을 뽑더라도 본사 직원이 '해외 면접관'으로 참석하기 위해 원격 면접을 하는 경우가 있다. 코로나19 이후에는 감염 위험으로 인해 화상면접이 대세가 되고 있다.

한국은 코로나19에 대한 K방역이 우수한 평가를 받고 있으며 심리적으로 안정되는 추세이다. 덕분에 얼어붙은 채용시장도 풀릴 가능성이 높다. 특히 국가 간의 인재 이동이 불가피했던 해외 채용의 경우 코로나19로 인해 의외의 결과를 가져오기도 했다. 한국이 다른 국가에 비해 코로나19 안전지대로 평가되었기 때문에 해외에 분포되어 있던 인재가 한국으로 리턴하는 경우도 있고, 해외로 나가고자 이직을 준비했던 인재들이 목표를 수정하여 국내에 머무는 결정을 내리기도 한다. 대부분의 국가 간 이동이 차단되었지만 예외적인 상황도 있다. 독일의 경우 '통근과 화물 운송'을 위한 이동은 제한하지 않았고, 캐나다도 왕래가 잦은 미국 시민들과 항공기 승무원, 외교관,

아마존 화상면접 과정

온라인 신청	화상면접	현장 평가 센터
지원 자격 및 자기소개서 기반의 기초 평가를 진행한다.	실무진 및 직무별 전문가가 지원자의 역량, 직무 적합도, 인성 등을 화상면접을 통해 평가한다(직무에 따라 면접 방식이 달라질 수 있다).	관련 증빙 자료 및 면접 결과 등을 바탕으로 최종 평가를 마무리하며 입사가 최종 확정된다.

환승객 등의 입국은 허용한다고 밝혔다. 특히 '국경 제한'이나 '입국 금지' 조치를 취한 경우에도 대부분 2주간 격리 기간을 명시하고 있다. 국경이 차단된 상황에서도 기존과 다른 방식을 통해 취업에 성공한 사람들도 있다.

화상면접과 AI면접의 차이는 무엇인가?

취준생들이 가끔 화상면접과 AI면접을 혼동하는 경우가 많다. 둘 다 언택트 면접이라는 점에서는 같지만 개념이 다르다. 화상면접은 사람끼리 마주 보며 진행되는 면접 형태를 영상기술의 힘을 빌려 직접 대면이 아닌 화상 대면의 형태로 진행한다. 화상면접은 같은 공간에 있지 않을 뿐이며 면접관이 사람이고, AI면접은 면접관이 사람이 아니라 인공지능이다. AI면접은 면접관 대신 AI가 면접을 본다는 것에 거부감이 있었던 것도 사실이다. 하지만 이제 AI면접은 당연한

화상 프로그램은 어떤 것이 있을까?

최근 다양한 화상 솔루션들이 등장하고 있다. 첫 번째로 소개할 제품은 시스코의 '웹엑스(Webex)'이다. 웹엑스는 글로벌 점유율 1위를 기록한 영상회의 솔루션으로 서비스 안정성과 보안성이 높다는 평가를 받는다. 대용량 파일 전송도 지원하는 웹엑스는 다른 솔루션에 비해 화질이 다소 떨어진다. 영상뿐 아니라 음성도 마찬가지다. 동시 접속 인원도 타사 솔루션에 비해 적다. 다른 솔루션은 1,000명 정도 접속 가능하지만 시스코는 개인과 소규모 집단을 대상으로 하는 유료 버전에서 최대 200명을 허용한다. 다만 기업용으로 전환하면 최대 1,000명이 가능하다. 기업용이다 보니 다소 비용이 비싼 편이다.

두 번째는 새롭게 다크호스로 떠오른 '줌(Zoom)'이다. 최근 주머(Zoomer)와 줌 유니버시티(Zoom University) 등 신조어가 나올 정도로 세계 곳곳에서 화제가 된 영상회의 솔루션이다. 웹엑스를 개발한 중국 출신 엔지니어 에릭 유안이 시스코를 나와 만든 제품으로 편의성과 대중성으로 인기를 끌고 있다.

실제 줌을 사용해보면 초기 프로그램 설치 후에 간편하게 영상회의를 주최하거나 참여할 수 있으며, 웹 메뉴 상단에 줌 실행 아이콘이 고정돼 클릭 한 번으로 영상회의 환경을 조성할 수 있다. URL이나 메일 등으로 손쉽게 회의 참여를 유도할 수 있는 것도 장점이다. 하지만 3인 이상 무료 영상회의를 진행할 때 40분의 시간제한을 둔 점은 큰 아쉬움으로 꼽힌다. 외부인의 무단 영상 참여로 외설적인 발언이나 포르노가 공유되는 줌 폭격(Zoom Bombing) 등의 보안 취약점과 개인정보 유출 등도 문제로 지적되었다. 줌은 잇단 보안 사고가 터지자 신기능 개발을 중단하고 보안

화상회의 프로그램 비교

	줌 Zoom	구글 미트 Google Meet	팀즈 MS Teams	웹엑스 Cisco Webex	차임 AWS Chime
서비스 개시	2011년	2017년	2006년	1995년 (시스코 2007년 인수)	2017년
이용료	무료, 월 14.99 ~ 19.99달 러	무료, 월 10달러, 6달러, 12달러, 25 달러	무료, MS Enterprise 라이선스 포함	무료, 월 13.5 달러, 17.95달 러,26.95 달러	무료(한시적), 정액제 : 일 3 달러, 15달러 / 종량제 (사 용한 만큼 지 불)
접속 인원	100명~ 1만 명	250명	100~ 250명	100 ~ 200명	100명 (200명)
장점	회원 가입 없이 링크만 으로 접속 가능	지메일, 구글 캘린더 일정 통합 관리 가능	MS오피스 프로그램과 연동 가능해 서 협업 솔루 션에 좋다	기업 회의 용으로 많이 쓰며 경쟁 제품 과 비교하 여 보안 기 능이 좋다	클라우드 서 비스 화상회 의로 알렉사 와 연동을 지 원한다
단점	회의당 40분, 그 이상 유료로 이용 가능	무료 버전은 25명 이상 접속 불가	무료 버전은 중소기업, 스 타트업만 이 용 가능	기업용이다 보니 다소 비용이 비싸다	가격 체계가 AWS 요금제 와 비슷해 다 른 서비스에 비해 복잡하다

패치에 집중하면서 알렉스 스타모스 전 페이스북 최고보안책임자(CSO)를 선임하고 자문위원회도 설립하는 등 대응에 나섰다. 그럼에도 미국 뉴욕 교육청과 구글 등 대기업, 독일과 대만 정부는 줌 사용을 제한하고 있다. 세계 각국에서 '줌 금지령'이 확산되고 있다. 줌의 보안 문제가 이슈화되었던 것도 줌 본사와 세일즈 조직 등은 미국에 두고, 500명이 넘는 연구개발 인력은 중국에 두어서 여러 정보 보안이 뚫릴 수 있는 것을 우려하기 때문이다. 줌의 일부 서버가 중국에 있는 것으로 확인되면서 정보유출 리스크가 더욱 부각됐다. 중국은 정부가 요청하는 경우 데이터를 공개해야만 한다. 물론 줌은 그런 위험이 없다고 하지만 알 수 없다.

세 번째는 마이크로소프트의 '팀즈(Teams)'이다. MS 오피스를 사용한다면 팀즈 사용을 고려하면 좋다. MS오피스와 스카이프(Skype), 오피스 365 등 MS 프로그램을 통합해 사용 편의성과 연동성을 높였다. MS가 오피스 소프트웨어 강자인 만큼 업무에 도움을 주는 기능을 영상회의 서비스에 포함한 것도 특징이다. MS오피스의 활용도가 큰 만큼 전체 이용자의 58%가 에어프랑스, 로레알 등 대기업이다. 현재 글로벌 기업 50만 곳 이상이 팀즈를 사용한다. 잡음 억제나 손 흔들기, 화이트보드 기능 등을 제공한다. 특히 콘텐츠 카메라 기능을 활용하면 회의 발표자 몸에 가려져 있는 화이트보드 내용도 확인할 수 있다. 영상회의 솔루션 중 리눅스(Linux) 운영체제(OS)를 지원하는 흔치 않은 제품인 점도 주목을 끈다. 하지만 다양한 기능을 제공하는 만큼 초기 사용자라면 일정 시간 교육을 받아야 하고 디자인이 직관적이지 않아서 좋은 기능을 두고도 어디에 어떤 기능이 있는지 알 수 없다. 사용 편의성에서 두각을 보이는 다른 제품과 달리 아쉬움을 남기는 대목이다.

네 번째는 '구글 미트(Meets)'이다. 현재 500만 개 기업이 이용하고 있는 구글 미트는 최대 10만 명이 시청할 수 있는 라이브 스트리밍도 제공해 대규모 행사를 진행하는 기업에 적합하다. 구글 '행아웃(Hangout)'이 2020년 4월 변경된 것으로 크롬 웹페이지에서 구글 계정 로그인 후 무료로 사용할 수 있다. 구글 지메일(Gmail)과 캘린더, 드라이브, 주소록 등과 자동으로 연동돼 사용 편의성을 높인다. 캘린더에 회의 일정을 기록하면 행아웃에 일정이 추가돼 스케줄 관리가 간편하다. 다만 행아웃은 영상회의 참여 인원을 25명으로 제한한다. 영상 녹화와 저장 등 일부 기능이 미트에서만 제공되는 점도 사용 제한 요소이다. 미트 역시 사소하지만 회의 시작 시 닉네임 입력에서 한글을 사용할 수 없는 점 등 세부 기능에서 아쉬움이 있다.

다섯 번째는 AWS(Amazon Web Services)의 '차임(Chime)'이다. 아마존 차임은 AWS의 다양한 서비스와 연동할 수 있다. AWS는 데스크톱 가상화(VDI) 서비스인 '워크스페이스(Workspaces)' 등과 차임을 묶어 세트로 제공하기도 한다. 다만 모바일 기기로는 화면 공유가 불가하다. 코로나19에 따라 아마존 차임을 한시적으로 무료로 지원하고 동시 접속 인원도 기존 100명에서 250명으로 한시적으로 늘렸다.

구글 미트는 앱 설치 없이 브라우저에서 바로 접속하면 되지만 다른 프로그램들은 대부분 PC용 앱을 깔아야 한다. 화상면접을 볼 때는 스마트폰보다는 PC로 접속하는 것이 좋다. 우선 앱을 설치하고 받은 접속 링크/ID를 통해 미리 화상면접에 접속해서 링크에 문제는 없는지, 내 얼굴과 목소리는 제대로 나오는지 테스트를 해보자.

것으로 받아들이는 분위기다. 《채용 트렌드 2020》에서 크게 다룬 AI 면접이 잠깐의 유행으로 끝나지 않은 이유는 무엇일까? 면접관이 가지고 있는 주관이나 지원자의 외모, 학연, 지연, 면접관의 당일 컨디션까지 평가에 영향을 주기 마련이다. 반면 AI는 어떤 지원자라도 공평하게 동일한 평가 기준을 적용할 수 있고 면접 소요 시간을 획기적으로 줄일 수 있다.

영상 통화를 하듯 화상면접을 하는 시대가 온다

글로벌 기업들이 채용에서 화상면접을 활용하는 단계는 다음과 같다.

화상면접 채용 과정

바야흐로 '온택트(ontact)' 시대이다. 온택트란 온라인으로 접수를 받고, 이력서와 자기소개서를 걸러내고, 온라인 인적성검사를 하고,

화상면접을 하는 것이다. 직접 회사를 방문해 면접에 참여하는 대신, 화상통화로 면접을 진행하는데 성격에 따라 일대일 화상면접, 그룹 화상면접 등으로 나눌 수 있다. 기존 화상회의 솔루션을 활용하거나 지원 회사의 자체 솔루션이 있는 경우도 있다. 직접 만나기 어려운 상황이거나 해외 법인 인력 채용 등에 활용하는 기업이 늘고 있다.

IT 분야에서는 화상면접이 이미 보편화되어 있다. 코드 인터뷰 (https://codeinterview.io) 사이트에서는 소프트웨어 엔지니어를 뽑을 때 화상으로 실제 코딩 면접을 본다. 쉬운 문제부터 까다로운 알고리즘 문제까지 프로그래밍 면접 과정을 화상으로 진행하고 있으며 최근 중소기업에서도 화상면접을 할 때 줌이나 팀즈 등을 활용하여 별도 장비를 준비하지 않고 진행할 수 있어서 인사 담당자들의 호응을 얻고 있다. 화상면접은 수많은 경쟁자가 모인 면접장 대신 자신이 편안한 장소에서 면접을 진행할 수 있는 것이 가장 큰 장점이다. 면접 장소까지 이동하는 수고를 덜 수 있는 것이다. 반면 화상면접의 단점도 있다. 화상면접은 면대면 방식을 대체할 만큼 신뢰할 만한 단계가 아니라는 평가 때문이다. 화상면접을 도입한 글로벌 기업들 역시 최종 면접은 실제로 만나서 지원자의 인성과 태도를 관찰한다.

JOB TREND

03 화상면접 - 국내 동향

최근 많은 기업들이 화상면접 채용 방식을 도입하고 있는 이유는 크게 3가지로 정리할 수 있다.

첫째, 시공간의 제약을 넘어 면접자들의 감염 리스크를 최소화할 수 있다. 둘째, 디지털 트랜스포메이션 시대에 맞춰 인사 채용 방식에도 시대적 명분을 얻을 수 있다. 셋째, 채용 업무의 효율성을 높이고 기존 인사 절차 비용을 절감한다.

2020년 현대자동차는 신입 경력 채용에 화상면접을 도입했다. 현대차가 화상면접을 확대한 이유는 4차 산업혁명 시대에 걸맞은 글로벌 융합형 인재를 적기에 확보하기 위해서다. 거리상으로 멀리 떨어져 있는 해외 및 지역 우수 인재와 시간 제약이 많은 경력사원은 대면면접이 힘들다는 점을 감안하면 회사와 지원자 모두에게 윈윈 전략이다. 현대·기아차는 '비대면 IT 개발 플랫폼' 구축을 완료해 IT 협력사와의 '스마트 상생'에도 시동을 걸었다. 현대오토에버와 공동 구축한 비대면 IT 개발 플랫폼은 소프트웨어 개발에 필요한 각종 인프라와 개발 도구에 외부 접속이 가능하도록 클라우드 방식을 적용한 것이 특징이다.

LG전자는 상시채용 체제로 전환한 뒤 두 번째 채용에서 사상 처음으로 온라인 화상면접과 온라인 인턴십을 함께 도입했다. 면접을 화상으로 진행하기 때문에 국가와 지역에 상관없이 지원 가능하다. 인턴십 대상자는 9월 21일부터 10월 23일까지 1개월간 멘토와 함께 프로젝트를 수행했다. 화상 오리엔테이션으로 멘토를 지정받고, 재택근무를 하되 온라인을 통해 정기적인 피드백을 받는다. 1차 서류전형에서는 '세상에 없는 새로운 콘셉트의 전자제품 디자인'을 주제로 개인 포트폴리오를 제출하면 된다. 어학, 학점, 공모전, 자격증 등 '스펙'을 기입할 필요는 없다. LG전자의 경력직 지원자 실무면접도 화상면접으로 진행됐다.

SK는 '인택트' 면접이라는 새로운 채용 방식을 도입했다. 인택트는 '상호적인(interactive)'과 '비대면(untact)'을 합친 말이다. 현재 대부분의 언택트 면접이 일대일 방식이지만 SK텔레콤은 여러 명이 동시 참여할 수 있는 영상통화 솔루션을 자체 개발해 면접에 활용했다. 통상 일반 면접에서 진행되는 상호 토론 면접이 언택트 채용에도 고스란히 진행되는 셈이다. SK텔레콤의 인택트 면접은 지원자들을 4인 1조로 묶어 오전 9시부터 오후 6시까지 장시간 토론 등을 벌였고 면접관들이 이를 꼼꼼하게 체크했다. 대면면접이 불가능한 상황에서 면접 대상자들을 심층적으로 파악하기 위한 조치로서 대면면접과 거의 유사한 효과를 거둔 것으로 자평하고 있다.

CJ도 그룹 공채에서 웹캠을 통한 비대면면접을 추진할 예정이며, 대림도 화상통화로 면접을 진행했다. 카카오는 이미 2020년 상시채용 모두 화상면접을 진행했다.

네이버 자회사 라인플러스 채용은 지원서 접수-온라인 코딩 테스트-1차 면접-최종 면접 순으로 진행된다. 면접은 상반기 신입사원 공개채용과 동일하게 라인 그룹콜 등을 활용한 100% 언택트 화상면접으로 이뤄진다.

배달 앱은 편리하고 간편한 주문 방식을 선호하는 소비자가 늘어나면서 나날이 시장이 커지고 있다. 따라서 서비스 확대에 대비해 시스템, 서버, 빅데이터, 인공지능 등 다양한 분야의 개발자를 충원하고 있다. 시장 점유율 1위인 '배달의민족'을 운영하는 우아한형제들은 올해 채용 규모가 400명에 달했다. 실제로 우아한형제들은 신입

라인플러스 채용 프로세스

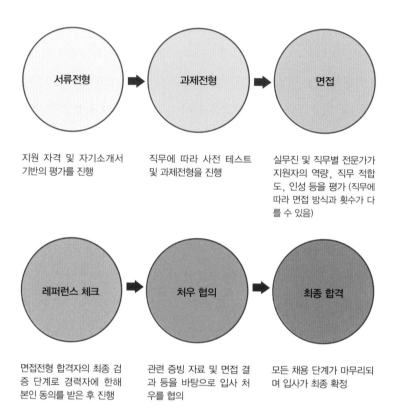

서류전형
지원 자격 및 자기소개서 기반의 평가를 진행

과제전형
직무에 따라 사전 테스트 및 과제전형을 진행

면접
실무진 및 직무별 전문가가 지원자의 역량, 직무 적합도, 인성 등을 평가 (직무에 따라 면접 방식과 횟수가 다를 수 있음)

레퍼런스 체크
면접전형 합격자의 최종 검증 단계로 경력자에 한해 본인 동의를 받은 후 진행

처우 협의
관련 증빙 자료 및 면접 결과 등을 바탕으로 입사 처우를 협의

최종 합격
모든 채용 단계가 마무리되며 입사가 최종 확정

과 경력사원 수시채용 때 '사회적 거리두기'를 위해 대부분의 면접을 화상으로 진행했다. 화상면접을 대면면접보다 우선시하고 있으며, 대면면접이 꼭 필요한 경우에는 왕복 콜택시 지원과 더불어 손세정제와 마스크까지 지원하고 있다.

딜리버리히어로코리아 채용 프로세스

| 서류전형 | 1차 대면면접 | 2차 화상면접 | 최종 합격 |

요기요, 배달통 등을 서비스하는 딜리버리히어로코리아(이하 DH) 도 면접전형에 지원자가 한꺼번에 많이 모이는 것을 피하고자 화상 면접을 도입하고 있다. DH는 2019년과 비슷한 규모의 채용을 계획 중이다. 2019년 DH의 채용 규모는 약 200~300명으로 알려졌다. DH는 지원자에게 화상면접 선택권을 부여해서 지원 기회를 확대했 다. 더불어 면접 시차제를 도입해 대면면접 때 지원자들이 서로 마주 치는 시간을 최소화하기 위해 간격을 두고 면접을 진행한다.

핀테크 기업 토스는 확대되고 있는 사업 영역만큼이나 인력 채용 에도 열을 올리는 상황이다. 다만 코로나19 감염에 대한 우려가 높 아지고 있기 때문에 1차 면접은 화상면접으로 진행하는 것을 원칙으 로 한다. 뱅크샐러드의 경우 1차 면접은 전화 통화로 진행하고, 대 면 질문이 필요한 2~3차 면접은 화상으로 진행한다. 신한은행은 코 로나19 확산 방지를 위해 비대면으로 진행한다. 지원자는 온라인으 로 접속해 질문에 대답하고 과제를 수행하는 인공지능 기반 역량 평 가와 실무자 화상면접을 거치며, 디지털 분야 지원자는 온라인으로 시험을 본다. 미래에셋대우는 신입사원 1차 면접을 화상면접으로 진행하면서 작년부터 비대면 원웨이(One-way) 영상 면접 과정을 도입했다. 전문 플랫폼을 이용해 사전에 제시된 질의에 지원자들이 답을 한 동영상을 업로드하는 방식이다. 전문 면접관들이 다각도로 평가해 지원자의 역량을 검증한다.

롯데그룹은 인적성검사(L-TAB) 합격자를 대상으로 온라인 화상면접을 진행했다. 코로나19 장기화에 따라 안전을 최우선으로 고려해 면접 대상자가 원하는 장소에서 화상 프로그램에 접속해 면접을 볼 수 있도록 했다. 롯데건설은 면접이 원활하게 진행될 수 있도록 응시자들에게 사전 준비 사항 및 진행 방법이 적힌 매뉴얼을 제공했다. 또한 사전 테스트를 진행해 화상면접에 대한 가이드를 제공하고 면접 대상자들의 장비와 네트워크 상태를 확인했다. 스마트폰을 사용한 일대일 오픈 채팅방을 24시간 상시 운영해 화상면접이 생소할 수 있는 면접 대상자들의 문의 사항에 신속하게 응대했다. 롯데건설의 상반기 신입사원 채용 면접은 1일 차 PT면접, 영어면접, 2일 차 역량면접, 임원면접 순으로 모든 전형을 화상면접으로 진행했다. 화상면접 실시 후 만족도 조사 결과 84%가 만족한다고 응답했다.

남부발전은 2월부터 비대면 채용을 위한 준비에 착수해 규정 개정과 온라인 면접 툴 개발, 사전 시뮬레이션, 면접 키트 제작, 진행 요원 및 면접관 사전교육 등을 시행했다. 혹시 모를 장애에 대비해 지원자의 스마트폰에 면접 애플리케이션 설치 여부를 사전에 점검하고 온라인 예비소집을 진행했다. 사전 점검에서 발견된 오류 예방을 위해 온라인 면접 매뉴얼과 함께 면접용 블루투스 이어폰이 포함된 면접 키트를 발송하는 등 만반의 준비를 마쳤다. 면접은 온라인 프로그램을 통해 1명의 지원자가 3명의 면접관에게 평가받는 방식으로 진행됐다. 지원자는 본인 스마트폰을 활용해 면접에 응시했으며 면접관은 지원자가 사전에 올려놓은 자기소개 영상을 평가(비중 40%)하고 화상 연결을 통한 질의응답(비중 60%)으로 지원자에 대한 심사를 진행했다.

내외부적인 요인으로 화상면접에 대한 인식이 점차 개선되면서 언택트 채용을 진행하는 기업도 늘어날 가능성이 많다. 구직자는 간편하게 내가 원하는 기업에 지원할 수 있어 취업 과정에서 발생하는 기회비용을 최소화할 수 있다. 단점도 분명 존재하지만 비용 절감 등 여러 가지 장점이 있는 만큼 앞으로 많은 기업이 코로나19를 계기로 비대면 화상면접의 비중을 늘려나갈 것으로 전망된다. 데이터 확보와 기술의 진보가 꾸준히 이루어지고 있는 만큼 화상면접의 신뢰도가 점점 더 높아질 것으로 예상된다.

JOB TREND

04 화상면접 사전 체크리스트

화상면접은 기본적으로 카메라로 대화를 나누는 것이다. 처음 유튜브를 하거나 동영상 강의를 찍으면 어색한 것과 같다. 사람과 대화를 하는 것에 비해 자연스럽지 않기 때문이다. 화상면접을 준비하는 취준생이라면 지인의 도움을 받아 카메라를 보고 대화하는 연습을 미리 해봐야 한다. '카메라 마사지(Camera massage)'를 많이 받아야 합격한다. '카메라 마사지'란 연예계에서 많이 사용되는 용어로 카메라에

자주 노출될수록 예뻐지거나 잘생겨진다는 말이다. 처음 화면에 나왔을 때는 촌스럽고 얼굴이 부어 보이다가도 방송에 나오다 보면 살이 빠지고 예뻐지는 경향이 있다. 그만큼 자신이 모니터한 결과이다. 미리 예상 질문을 충분히 숙지하고 어색하지 않도록 모의 면접을 해야 한다.

1. 와이파이 등 인터넷 연결 상태를 확인한다

화상면접에서는 특히 인터넷 접속이 중요하다. 사전에 인터넷 속도를 점검하는 것이 좋다. 공용 와이파이는 중간에 끊길 수 있으니 안정적인 개인 와이파이를 추천한다. 최대한 공유기와 가까운 곳에서 진행한다. 공용 와이파이 사용 시 휴대폰 테더링을 사용한다. 단, 테더링도 중간에 끊기는 경우가 있다. 인터넷 속도 측정 프로그램 패스트닷컴 (https://www.fast.com/)에서 30mbps 이하이면 불안정하니 스피드테스트넷(http://www.speedtest.net)에서 go 버튼을 누르면 된다. 측정에는 30초 정도 걸린다. 사용 중인 인터넷의 업로드, 다운로드 속도 그리고 핑까지 볼 수 있다.

2. 장소를 어디로 할 것인지 결정한다

가장 좋은 화상면접 장소는 외부 변수가 적은 곳이다. 보통 가정에서 하는 것이 가장 좋을 수 있다. 가정에서 진행하기 어려우면 스터디룸을 빌리는 것도 고려해본다. 스터디룸을 빌릴 때 고려해야 할 것은 소음이 완벽하게 차단되지 않는다는 것이다. 그리고 가끔 방 번호를 착각해서 들어오는 사람들도 있으니 '화상면접을 보고 있으니 들어오지 마세요'라는 표지판이라도 붙여야 한다.

3. 면접에 필요한 소프트웨어를 제외하고 모두 종료한다

간혹 스마트폰으로 화상면접을 보는 경우가 있는데 화질 및 음성 등이 불안정하니 안정적인 태블릿이나 PC를 사용하는 것이 좋다. PC에서도 다른 프로그램을 켜놓을 경우 실수를 할 수 있으니 다른 소프트웨어는 종료한다.

4. 노트북에서 카메라, 마이크, 헤드셋 작동을 확인한다

스마트폰으로 화상면접을 볼 때 한 손으로 들고 있으면 화면이 흔들려서 면접관 입장에서 자세가 불량하게 보일 수도 있으니 고정 삼각대를 사용한다. 스마트폰의 화면 크기가 작으니 화상면접을 볼 때는 PC를 사용하는 게 바람직하다. 요즘 노트북에는 마이크와 웹캠이 내장되어 있고, 별도로 이어폰이나 헤드셋, 마이크, 외장 카메라를 활용하는 것도 좋다. 구형 노트북을 가지고 있다면 신형 노트북을 빌리는 것도 고려해본다.

5. 카메라 각도를 체크한다

사람마다 잘 나오는 각도가 다른데 셀카를 찍어보면 알 수 있다. 카메라 앵글을 잡고 어느 각도가 좋은지 체크해보는 것도 추천한다.

6. 화상면접에서 시선 처리가 중요하다

화상에서 지원자의 시선, 표정 변화, 화면에서의 얼굴 이동 등 영상 정보를 인식할 수 있는 기술이 발달되어 있다. AI면접에서도 시각적 요소를 중요하게 다루고 있다. 화상면접을 볼 때 스크립트를 띄워놓고 대답하는 경우 상대방이 대부분 알아챌 수가 있다. 유튜브를 보면 스크립트를 보는지 안 보는지를 눈동자, 반응 속도 등이 부자연스러운 것으로 알 수 있다. 따라서 스크립트를 절대 띄워놓으면 안된다. 모의면접을 할 때 처음에는 스크립트를 보고 연습을 하더라도 나중에는 스크립트 없이 해야 한다.

7. 미리 접속해서 준비한다

시간에 맞춰서 접속하다 보면 생각지 않은 문제가 발생한다. 화상면접으로 진행되는 경우에는 미리 접속해서 기다리는 것이 심리적으로도 유리하다. 정시보다 10분 일찍 접속해서 대기하자.

JOB TREND

05 화상면접 유의사항 10가지

1. 환경에 익숙해지자

줌이나 팀즈, 스카이프 등 화상 프로그램은 사전에 미리 가입하고 프로그램을 다운로드해둬야 한다. 면접 스터디를 할 때 이런 화상통화 프로그램으로 해보는 것도 좋다. 40분 정도는 그룹으로 무료 사용이 가능하니 화상면접에 익숙해질 수 있다. 화상통화 프로그램을 띄운 노트북 앞에 앉아 자기소개를 하는 모의 면접을 해보는 것이 좋다.

2. 가시성이 중요하다

유튜브에서 배경화면이 중요하듯 너무 편한 장소에서 진행하지 말아야 한다. 정리되지 않은 방의 모습이 노출될 수 있으니 배경이 깔끔한 곳을 찾아야 한다. 카페는 잡음이 많으니 독립된 공간에서 진행해야 한다. 특히 AI면접은 주변이 깔끔해야 한다. 아직 AI 로직이 학습이 덜 되어 있어서 주변에 잡스러운 물건이 있으면 오류를 일으킬 가능성도 있기 때문이다. 실제로 유튜브를 보면 배경화면이 깔끔한 영상이 보기 좋다.

3. 드레스코드를 맞추자

일반 대면면접과 마찬가지로 화상면접도 그에 맞는 의상을 선택한다. 남성은 정장에 넥타이, 흰색 드레스셔츠를 제대로 갖추고, 여성은 재킷을 착용하는 등 적절한 복장으로 면접에 임한다. 의상을 제대로 갖춰 입으면 면접자 스스로 긴장감을 갖고 참여하게 된다. 복장은 기업마다 다르기 때문에 어떤 것을 요구하는지 살펴봐야 한다. 특히 직무별로 선호하는 복장이 있다. 일반적으로 정장이 무난하지만 현대자동차처럼 아예 정장 금지라고 못박는 곳도 있으니 그럴 경우는 셔츠에 청바지 같은 편안한 복장을 준비한다.

4. 결론부터 이야기하자

화상에서 시나리오 없이 면접에 임하면 백전백패이다. 가장 실수를 많이 하는 것이 바로 질문 요지를 파악하지 못하고 엉뚱한 이야기를 하는 것이다. 장황하게 이야기하지 말고 결론부터 이야기하고 부연 설명을 하는 것이 좋다. 부연 설명도 길게 하지 않도록 주의하자. 지원자의 첫인상이나 목소리의 떨림 같은 미세한 것보다 말하는 내용이 더 중요하다.

5. 목소리 톤을 결정하고 화상면접에 임하자

화상면접에서는 목소리가 중요하다. AI면접 평가에서도 음성 정보를 인식할 수 있는 보컬(Vocal)은 발성 시간, 속도, 소리 크기를 추출하여 지원자의 음성을 분석한다. 외모나 표정은 좋은데 목소리가 좋지 않으면 화상면접에서 떨어질 수 있다. 목소리 톤, 크기 변화, 속도, 멈춤 상태, 발음 등에 유의하면서 말끝을 흐리지 말고 분명하게 답해야 한다. 화상면접에서는 쓸데없는 소리를 하지 않도록 주의해야 한다. 면접관의 말을 잘 들으려면 이어폰보다는 헤드셋을 사용한다.

6. 얼굴을 밝게 하기 위해서 조명에 신경을 쓰자

실제로 놓치기 쉬운 것이 조명이다. 유튜브에서도 마찬가지로 많은 사람들이 조명을 간과한다. 하지만 조명을 잘못 사용하면 얼굴의 그림자가 짙게 나올 수 있다. 얼굴을 밝게 하기 위해서 스탠드 조명을 사용하면 좋다. 조명 하나 잘 써도 얼굴이 더 밝게 보인다. 간혹 화상면접을 진행해보면 얼굴이 어둡게 나오는 지원자를 만난다. 비비크림을 바르는 것도 좋은 방법이다.

7. 면접관과 소리가 충돌되지 않도록 주의하자

화상면접은 실제 면접과 다르게 상대방이 말하는 중간에 이야기

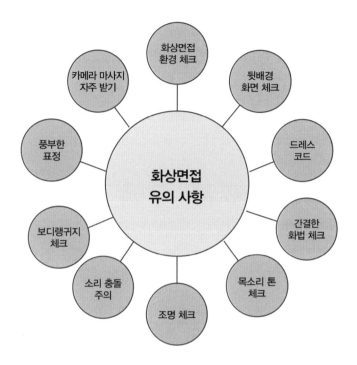

하면 소리가 충돌될 수 있다. 소리가 증폭되어서 하울링 현상이 발생하기도 한다. 면접관의 이야기가 끝난 후에 2~3초 여유를 두고 말을 시작해야 한다. 물론 화상 프로그램에 소리 제거가 있으니 이야기하지 않을 때는 아예 소리를 꺼두는 것을 잊지 말자.

8. 손의 위치를 주의하자

화상면접을 볼 때 얼굴이 너무 크게 잡혀서 부담스러운 경우가 있다. 벨트라인까지 잡으면 화상에서 더욱더 안정되게 보인다. 이야기할 때 자연스럽게 보디랭귀지를 사용하면 좋다.

9. 면접관의 반응에 신경 쓰지 말고 최대한 표정을 풍부하게 하자

일반 대면면접에서는 면접관의 현장 반응이 좋았는데 화상면접에서는 표정과 제스처가 역동적으로 전달되지 않아 면접관의 반응이 없거나 좋지 않은 경우도 있다. 화상면접에서는 동작에 제한이 있으니 최대한 표정을 풍부하게 하고 또박또박 말하는 연습이 필요하다.

10. 면접을 마칠 때까지 긴장을 풀지 말자

대면면접에서는 타 지원자와 비교하게 되어 주눅이 들곤 하지만 화상면접은 자칫 긴장하지 않을 수 있다. 면접관이 접속을 끊을 때까지 면접은 끝난 것이 아니니 마지막까지 긴장을 늦추지 않도록 해야 한다. 마지막으로 자신이 강조하고 싶은 포인트를 요약하여 전달한 뒤 면접 담당자에게 감사의 인사를 한다. 그다음 전형 단계를 확인하고 질문하는 시간을 갖는다. 화상면접은 기존에 해오던 것과 크게 다르지 않다. 화상면접에서 살아남으려면 실제 화상으로 해보는 수밖에 없다.

참고문헌

· 김정민, 〈집에 앉아 화상면접, 원서 내고 2주 만에 초고속 채용〉, 중앙일보, 2020. 8. 9.
· 김평화, 〈"영상회의 솔루션 많은데 뭐 쓰지"… 6개 제품 비교해보니〉, IT조선, 2020. 4. 6.
· 박해식, 〈포스트 코로나 시대, 대면면접 → 화상면접 전환 추세〉, 동아일보, 2020. 9. 14.
· 윤태석, 〈단계 · 시간 축소 등 언택트 넘어 '인택트'…코로나로 달라진 면접〉, 한국일보, 2020. 8. 10.
· 임형준, 〈올 상반기 취업 키워드 '언택트 채용'…기업 3곳 중 1곳 도입〉, 2020. 3. 18.
· 박소정, 〈O2O '언택트' 채용이 대세… 화상 · 시차제 면접 필수〉, 뉴데일리, 2020. 3. 24.
· 정우교, 〈'코로나19? 그게 뭔데?'…핀테크 업계, 인력 채용 '활활'〉, 시사오늘 · 시사ON, 2020. 3. 19.
· 김진수, 〈롯데건설, 화상면접으로 상반기 인재채용 진행〉, 한국경제, 2020. 7. 15.
· 박지원, 〈화상면접, 블라인드 심사…공공기관 채용 새 모델 만들다〉, 동아일보, 2020. 6. 29.
· 하영목, 《핵심인재를 선발하는 면접의 과학》, 맑은소리, 2007.

랜선 라이프

랜선으로 깔리는 채용문화

모든 정보는 디지털로 유통된다. 사이버 공간에서는 정보의 흐름을 얼마나 극대화하느냐가 관건이다.
– 빌 게이츠

01 지금은 채용도 랜선으로 뽑는 시대

코로나19가 장기화되면서 오프라인으로 진행되던 채용 방식이 비대면 온라인으로 특화되고 있다. 최근 인터넷을 통한 '랜선 라이프'가 또 하나의 새로운 문화로 자리 잡고 있다. 랜선 라이프란 온라인상에서 이루어지는 모든 활동을 뜻한다. 넷플릭스 등 온라인 동영상 서비스의 경우 미국과 유럽에서 접속 장애를 일으킬 정도로 가입자가 폭발적으로 늘어났다. 실제로 넷플릭스는 2020년 1분기 매출이 28% 증가했고, 전 세계 유료 회원 수도 작년 말 대비 1,577만 명 증가했다. 극장가에서는 키오스크와 자율 주행 로봇 등을 내세운 '언택트 시네마 서비스'가 등장했다. '랜선 라이브'로 실시간 스트리밍으로 지켜보면서 오프라인 공연의 갈증을 달래고 있는 것이다. 방탄소년단(BTS)의 온라인 콘서트 '방방콘 더 라이브(BANGBANGCON The Live)'는 한국어, 영어, 일본어, 중국어 자막까지 제공하며 전 세계 관객 75만 6,600명이 모였다. 관람권 비용은 1인당 3만 9,000원, 팬클럽 회원 아미(Army) 멤버십이 가입되어 있으면 2만 9,000원이다. 입장료 판매액만 250억 원 안팎으로 추정된다. KBS 추석 특집에서 나훈아 콘서트가 15년 만의 방송 출연인 데다 현장에 관객이 없는 '언택트 콘서트'라서 더욱더 세간의 주목을 끌었다. 시청률 조사 회사 닐슨코리아에 따르면 〈2020 한가위 대기획 대한민국 어게인 나훈아〉 시청률은 무려 29.0%로 안방을 달궜다. 이제 청소년에서 시니어까지 바야흐로 랜선 라이프의 시대를 접하고 있다.

채용시장에도 랜선 바람이 솔솔

2021년 채용시장에도 랜선 바람이 불고 있다. 각종 채용박람회, 캠퍼스 리크루팅 등 채용 관련 행사가 취소되거나 무기한 연기된 반면 채용 정보를 나누는 랜선 문화가 등장하고 있다. 사회적 거리두기가 강화되면서 채용 정보를 나누는 주된 채널로 유튜브가 널리 이용되고 있다. 각 기업 유튜브 채널에는 채용 공고부터 직무 소개 등 각종 취업 정보가 속속 올라온다. 무엇보다 해당 기업 직원이 직접 출연해서 입사하기 위해 자신이 준비했던 스펙을 설명하는 '꿀정보'가 큰 인기를 얻고 있다. 대규모 전시장이나 대학에서 주로 열렸던 취업설명회도 유튜브로 자리를 옮겼다. 이제 랜선 라이프는 낯선 방식이 아니다. 머지않아 랜선으로 채용박람회를 하는 것이 자연스러운 시대가 올 것이다. 이른바 '랜선 박람회'가 새롭게 등장하고 있다. 기업은 신규채용 시 지원자 입장을 더 고려해 '랜선'을 채택할 수밖에 없다.

02 랜선 라이프 - 세계 동향

현실에서 벗어나 가상으로 맺어준다

랜선 라이프가 갑자기 돌풍을 일으키고 있는 이유는 코로나19 대유행과 그에 따른 봉쇄 조치 등으로 외부 활동이 어려워졌기 때문이다. 위드 코로나 시대, 언제 개발될지 모르는 백신이 등장할 때까지 전염병과 공생해야만 하는 상황인 만큼 '랜선 라이프' 트렌드는 점점 강화될 전망이다. 집에서 먹고 마시고 즐기는 문화가 확산되어 랜선족(族)까지 등장하고 있다.

버추얼 잡페어(Virtual Job Fair)가 대세가 된다

전 세계적으로 코로나19 바이러스 감염이 급증해서 세계적인 기업들이 랜선 채용박람회로 전환하고 있다. 랜선 박람회의 이점은 채용이 신속하고, 지리적, 경제적 비용을 줄일 수 있다는 것이다. 구글 버추얼 커리어 페어(Google's Virtual Career Fair)는 유튜브에서 운영하면서 구직자들과 유익한 일자리를 연결하고 있다. 동영상으로 이력서 작성에 대해 자세히 알려주고 있으며, 전 세계 지원자의 FAQ(자주 물어보는 질문과 답변)를 별도로 운영하고 있다. 최근 랜선 채용으로 모두가 새로운 전략을 찾고 있다. 커리어 네트워킹 플랫폼 핸드셰이크(www.joinhandshake.com)는 1,000개 이상의 대학과 기업이 가상 채용

이벤트와 취업박람회를 주최할 수 있는 '디지털 잡페어(digital job fair solution)'를 앤드 투 앤드(end to end) 방식으로 열었다. 가까운 미래에는 채용의 80%가 버추얼(Virtual)로 이루어질 것으로 예측된다. 버추얼 잡페어는 지정된 시간에 열리며, 웨비나(Webinar)와 유사하다. 채용 담당자와 구직자가 채팅방, 원격회의, 웹캐스트 및 이메일을 통해 가상공간에서 만나 채용 정보를 서로 교환하는 방식이다. 고용 플랫폼 커리어빌더(careerbuilder.com)는 2013년부터 대학과 회사를 위한 가상 직업 박람회를 주최해왔다.

이미 팬데믹이 시작된 이래 더 많은 기업이 버추얼 잡페어를 주요 필수품처럼 채택하고 있다. 브이페어스(www.vfairs.com)는 가상 직업 박람회에서 이상적인 후보자와 연결하고 고용하도록 안내하고 있다. 전 세계의 자격 있는 구직자를 만나고 인터뷰할 수 있는 원격 온라인 취업박람회를 통해 채용 전략을 도와주는 것이다. 금융, 의료, 비영리 분야의 경우 가장 활발하게 랜선 박람회가 새로운 뉴노멀이 될 전망이다. 코로나 이후에도 전통적인 캠퍼스 취업박람회는 사라질 가능성까지 제기되고 있다. 랜선족의 등장은 이제 채용 트렌드에서 빼놓을 수 없다.

03 랜선 라이프 - 국내 동향

국내에도 랜선 라이프가 채용에 영향을 주고 있다. 삼성SDI는 '랜선 리크루팅'이라는 이름의 온라인 상담을 진행하고, 입사를 희망하는 취준생들에게 도움이 되는 '랜선 리크루팅' 영상도 선보였다. 임직원 채용 담당자와 취업준비생을 화상으로 연결해 채용 관련 Q&A를 진행하는 내용이다. SK그룹은 유튜브 채널 SK커리어스 페어에서 채용박람회를 진행했다. SK하이닉스부터 SK이노베이션, SK브로드밴드, SK텔레콤, SK매직, SK주식회사 C&C 등 6개사의 채용 정보를 담았다. SK하이닉스는 자사 홍보 사이트인 뉴스룸에서도 예비 신입사원을 위한 정보를 안내하고 있다. '1년 만에 돌아온 SK하이닉스 랜선 멘토들!' 등을 통해 신입사원 자기소개서와 채용 정보를 안내하고 있다. 점차 외국의 버추얼 잡페어처럼 '랜선 채용박람회'가 보편화될 전망이다.

랜선 선배 박람회까지 등장

SK텔레콤은 20대 청춘을 대상으로 5G 기술을 이용해 인생 선배와 삶의 고민을 함께 나누는 소통 중심 토크 콘서트 '선배 박람회'를 실시했다. '선배 박람회'에는 통역사 겸 방송인 안현모, 《죽고 싶지만 떡볶이는 먹고 싶어》의 작가 백세희, 가수 출신 드라마 프로듀서 이재문 등 다양한 분야에서 활약 중인 7명의 인생 선배가 20대 청년들의 고민을 함께 나눴다. 선배 1명과 20대 청춘 10명이 SK텔레콤의 초고화질 그룹 영상통화 서비스 '미더스(MeetUs)'를 이용해 청춘이 겪고 있는 다양한 고민을 나누는 방식으로 진행된다. 1명의 강연자가 다수의 청중에게 자신의 이야기를 일방향으로 전달하는 기존 토크 콘서트와 달리 직접 만난 것처럼 응원의 메시지를 전달하는 것이 특징이다. 5G 기반 고화질 영상통화 서비스 '미더스(www.meet-us.co.kr)'

는 최대 100명까지 동시 참여가 가능하다. SK텔레콤 공식 블로그 '인사이트(https://www.sktinsight.com/sunbaefair)'에서 신청하면 된다. 진정성 있는 대화를 위해 행사에 참여하는 선배가 신청자의 사연을 직접 읽고 참가자를 선발한다. '선배 박람회'는 유튜브에 선배와 후배들이 이야기를 나눈 과정을 편집해 올린다.

쿠팡은 신입 개발자 채용을 위한 '온라인 테크 캠퍼스 리크루팅'을 실시하고 입사 지원부터 면접까지 모든 과정을 랜선으로 진행한다. 채용 전형은 2가지 단계로 서류에 합격한 이들은 온라인 코딩 테스트를 거쳐 라이브 코딩을 포함한 인터뷰를 진행한다. 테크 캠퍼스 리크루팅을 통해 입사한 신입 개발자들은 입문 과정을 거쳐 각 분야에 배치된다. 티몬도 채용의 모든 과정을 온라인으로 진행하는 '랜선입사제도'를 본격 도입했다. 랜선입사제도는 코로나19 상황에서 채용의 불확실성을 낮추고, 필요한 인재를 적시에 확보하기 위해 새롭게 도입한 채용 정책이다. 온라인 커머스 업체들도 랜선 채용으로 바뀌고 있다.

'금융권 공동 채용박람회(www.fjf.co.kr)'는 개막식부터 기업별 채용설명회까지 약 7시간 동안 인터넷으로 생중계하는 랜선 박람회로 탈바꿈하였다. 이번 채용박람회는 은행·보험·증권·카드·금융공기업·협회 등 전 금융권의 53개 기관이 주최하고, 금융위원회와 금융감독원이 후원했다. 이번 금융권 공동 채용박람회는 온라인 채용정보관, 라이브 채용설명회, 현직자 토크 콘서트, 비대면면접 등 4가지로 구성됐다. KB국민카드, 신한카드, 하나카드, 현대카드 등은 코로나19로 인해 구체적인 하반기 공채 일정을 정하지 못해 "채용 계획

기업	랜선 박람회
삼성SDI	'랜선 리크루팅' 영상 및 온라인 상담 진행
SK	유튜브 채널 SK커리어스 페어에서 채용 박람회 진행
SK텔레콤	토크 콘서트 '선배 박람회', '미더스(MeetUs)'로 진행
금융권	금융권 공동 채용박람회(www.fjf.co.kr)
서울대학교	2020 Dream On 온라인 우수인재 채용박람회 (www.snucareerfair.com)
매일경제신문사	'고졸 성공 랜선 취업 대박람회'
쿠팡	'온라인 테크 캠퍼스 리크루팅'

도 미정이면서 왜 설명회부터 하는 거냐"는 구직자들의 불만도 있었
다. KB국민은행, 신한은행, 하나은행, 우리은행, NH농협, IBK기업
은행 등 6개 은행은 일대일 비대면면접을 실시했다. AI역량평가에서
우수한 성적을 거둔 2,200여 명이 대상이며, 상위 30%의 성적을 받은
면접자에게 하반기 공채 시 1차 서류전형을 면제해준다. IT기술, 데
이터 산업 등을 고려하면 향후 새로운 일자리가 만들어질 가능성이
높은 분야 중 하나가 금융 산업이다. IBK기업은행은 6주 동안 실시하
는 신입 연수 가운데 첫 4주 교육을 랜선으로 진행하고 있다. 온라인
체육활동과 랜선 회식 등 이색 프로그램도 모두 비대면으로 진행되고
있다.

서울시는 서울형 뉴딜 일자리 온라인 채용박람회(newdealjob2020.

com)를 통해 화상면접으로 비대면 채용도 진행하고, AI면접, AI 자소서 컨설팅, AI 기업매칭, MBTI 강의 등 다양한 부대행사도 진행한다. 글로벌 기업 취업을 꿈꾸는 청년들을 위한 랜선 박람회도 개최되었다. '잡코리아 청년 비대면 잡페어(Job Fair)'는 아마존, 지멘스헬시니어스, 한국필립모리스, BAT코리아, 한국HP 등 20여 개 글로벌 기업에서 사전 면접 제안도 받았다. 이공계 인재의 채용 지원을 위한 '2020 청년 과학기술인 일자리박람회(https://jobfair.rndjob.or.kr/about1)' 는 3주간 온라인 박람회를 통하여 채용 절차가 진행되며 비대면 채용 지원과 실질적 채용 연계 효과를 높이기 위한 프로그램으로 구성되었다.

서울대도 2003년 이후 매년 대학 행정관 앞 잔디광장에서 열던 채용박람회를 처음으로 온라인 중계한다. '서울대학교 2020 Dream On 온라인 우수인재 채용박람회(www.snucareerfair.com)'에는 국내 대기업, 글로벌 기업, 강소기업, 스타트업 등 다양한 기업이 참여하고, 홈페이지를 통해 학생들이 관심 기업에 상담을 신청하면 화상회의를 통해 구인과 구직자 간 채용 상담이 이뤄진다. 중소벤처기업부와 산업통상자원부에서 개최한 '2020 리딩코리아 월드클래스 잡 페스티벌 (www.leadingkorea.kr)'도 랜선으로 진행되었다. 작년에는 대면 박람회로 진행되었던 잡 페스티벌을 올해는 온라인 3D로 진행하며 실제 오프라인 박람회 현장을 재현했다. '2020 중견기업 온라인 일자리 채용박람회(www.fome-job.com)'는 '언택트 솔루션'을 활용한 랜선 채용박람회다.

한국경제신문사가 주최한 '2020 대한민국 고졸인재 일자리 콘서트'는 세계 최초로 7시간에 걸친 온라인 생중계를 통한 '언택트 채용 박람회'로 펼쳐졌다. 취업 특강, 진로 컨설팅, 랜선 박람회 투어 등 3개 채널을 동시 생중계해 2만 4,000명이 동시 접속하면서 뜨거운 반응을 얻었다. 매일경제신문사가 주최한 '고졸 성공 랜선 취업 대박람회'는 특성화고·마이스터고 3학년 학생을 중심으로 6만여 명이 시청해 폭발적인 반응을 얻었다.

랜선 채용박람회는 준비 없이 들어가면 안 된다. 마지막 순간에 몰리면 들어가지 못할 수도 있으니 미리 사전 등록을 해야 한다. 랜선 박람회에서는 고용주와 이야기를 나누려면 카메라 기능이 중요하다. 가상 공간에서 하루 종일 이야기하는 것은 효율적이지 않다. 랜선 박람회 최대 참여 시간은 1시간 30분이다. 스마트폰으로 랜선 박람회에 들어가면 카메라 흔들림 현상이 있을 수도 있으니 노트북이나 PC를 사용한다. 조용한 공간이 좋고 헤드셋이나 이어폰을 사용해야 잡음 없이 경청하기 쉽다. 그리고 트레이닝복보다 셔츠와 정장을 착용한다.

JOB TREND

04 인적성검사도 랜선으로 바뀐다

코로나19는 주요 기업의 입사시험 방식도 바꾸고 있다. 랜선으로 이루어질 때는 확증 편향에 주의해야 한다. 영국의 심리학자 피터 웨이슨은 "사람은 보고 싶은 것만 보고 듣고 싶은 것만 들으며 믿고 싶은 것만 믿는다"는 특성을 '확증 편향(confirmation bias)'이라고 했다. 확신의 덫에 빠지지 않으려면 다른 사람의 반대 입장도 기꺼이 수용하는 자세를 갖추는 것이 필요하다.

국내 기업 중에서는 삼성그룹이 가장 먼저 삼성직무적성검사(GSAT, Global Samsung Aptitude Test)를 5월 30일(토)~31일(일) 이틀간 4회에 걸쳐 온라인으로 진행했다. GSAT는 장시간 집중력을 유지하기가 쉽지 않은 온라인 시험 특성을 고려해 사전 준비 1시간 동안 지원자 확인, 온라인 연결 상태, 수험자 공간 확인 등이 진행되었고, 수리, 추리 영역을 각각 30분씩 1시간 동안 치렀다. 첫 대규모 온라인 시험이었음에도 부정행위나 서버 과부하의 문제 없이 진행되었는데, 삼성은 온라인 예비소집을 통해 시스템을 점검하고, 시험 감독을 위한 스마트폰 거치대 등 응시에 필요한 준비물 키트를 응시자 전원에게 배송하는 등 사전 점검을 진행했다. 삼성은 가장 많은 우려가 제기됐던 부정행위 방지를 위해 삼성SDS의 최신 영상회의 솔루션을 도입했다. 이를 통해 감독관 한 명이 스마트폰을 통해 응시자 9명을 감독하며 부정행위를 차단했다.

온라인 인적성검사는 집에서 편하게 시험에 응시할 수 있어서 장거리 이동을 해야 하는 사람에게는 좋았다는 의견이 많으며, 반면 처음 접한 온라인 방식이라 낯설고 부정행위 방지를 위한 절차가 까다로워서 불편했다는 의견도 있었다. 특히 손이나 펜으로 모니터를 터치하며 문제를 보거나 감독 화면 밖으로 손이 나가는 행동이 금지된 점에 대해 답답함을 토로했다. 응시자는 스마트폰 화면에 자신의 얼굴과 손, PC 모니터 화면, 마우스를 감독관이 원격으로 확인할 수 있도록 촬영해야 했다. 온라인 GSAT가 문제없이 마무리되면서 다른 기업에도 영향을 끼칠 것이다.

LG그룹도 신입 채용 과정에서 필요한 인적성검사를 9월부터 전면 온라인 방식으로 전환했다. 인적성검사는 인성검사(LG Way Fit Test)와 적성검사로 구성되어 있다. 이번에는 인성검사 문항 수를 절반으로 줄이고 적성검사 유형에 인문 역량(한자, 한국사)을 제외함으로써 응시 시간을 기존 3시간에서 1시간대로 대폭 단축해 지원자들의 부담이 경감될 것으로 보인다. LG는 채용 연계형 인턴십으로 신입사원 70% 이상을 선발하는 한편 산학협력, 공모전 등 다양한 프로그램을 통해서도 채용한다. 상시채용 방식과 채용 연계형 인턴십이 자리 잡으면 지원자가 원하는 업무와 현업 부서의 직무가 맞지 않아 신입사원이 1년 이내 퇴사하는 문제도 해소될 것이다. 또한 지원자들은 본인이 원하는 직무에 필요한 역량을 갖추는 데 집중하며 불필요한 스펙을 쌓는 데 낭비하는 시간을 줄일 수 있을 것이다.

롯데도 '엘탭(L-TAB)'을 온라인으로 실시했다. 엘탭은 인성검사인 조직적합도검사와 적성검사인 직무적합도검사로 나뉜다. 인성검사는 예전부터 온라인으로 진행해왔고, 적성검사는 오프라인으로 치러왔다. 현대모비스도 온라인 인적성검사(HMAT)와 화상면접 등 채용 과정에서 정기공채와 상시채용을 병행하는 '하이브리드형 채용' 방식을 도입한다. 졸업 시점과 연계한 상·하반기 정기공채에서 신입사원을 우선 선발하고 각 사업부별 특성에 맞는 맞춤형 인재가 필요할 때는 수시채용을 실시하는 방식이다. 다른 기업들도 AI 역량검사로 대체하는 등 대책 마련에 고심하고 있다. 기존의 인재 선발 절차에서 대개 인적성검사는 기본적인 역량을 확인하기 위한 도구일 뿐이다.

인적성검사를 통해 조직 적합성을 먼저 판단한 다음 직무능력시험으로 실무 지식을 검증한 후 인성면접을 통해 최종 결정을 하게 된다. 이제 온라인 인적성검사가 대세가 될 것이다.

05 온라인 인적성 평가에 유의해야 할 점 5가지

1. 온라인 인적성 평가 환경에 대비해 꼼꼼하게 체크하자

직접 고사장에 가지 않고도 시험을 볼 수 있다는 장점이 있어서 서로 접촉해야 하는 불편함을 해소한다. 반면 기존 인적성검사보다 꼼꼼하게 통신망, 프로그램 등 체크해야 할 것이 많다.

2. 오프라인 인적성 평가보다 준비 기간이 길어졌다

오프라인 시험은 제때 시험장에 가서 시험을 잘 보기만 하면 되지만, 온라인 시험은 수험생들도 스마트 기기를 챙기고 시험 장소도 골라야 하는 등 신경 써야 할 것이 많다. 준비 기간은 길어졌고 과정은 더 복잡해졌다.

3. 큰 모니터 화면을 준비하면 유리하다

화면이 작으면 스크롤을 계속 올렸다 내렸다 하면서 문제를 봐야 하기 때문에 큰 모니터를 준비하면 좋다.

4. 시험 도중 프로그램에 문제가 생기면 시험이 끝난 후 별도로 시간을 준다

온라인 직무적성검사는 오프라인보다 시간이 부족할 수 있다. 프로그램에 문제가 생기면 별도로 시간을 주기 때문에 당황하지 말고 매뉴얼대로 하면 된다.

5. 부정행위로 오해받지 않도록 불필요한 행동을 하지 말아야 한다

실제 시험을 보는 것처럼 진행되지만 온라인으로 보면 긴장이 풀릴 수 있으니 주의해야 한다. 문제를 메모·촬영, 타인과 답 공유, 문제 외부 유출 시 저작권 침해, 대리시험, 신분증 위·변조 등 부정행위가 적발되면 차후 불합격 조치와 함께 5년간 응시 자격을 제한한다.

참고문헌

· 김경미, 〈나훈아 랜선공연 시청률 29% 기록…트롯노장의 힘〉, 여성조선, 2020. 10. 1.
· 김효정, 〈랜선이모, 랜선맘, 랜선집사…〉, 주간조선, 2017. 5. 8.
· 문수미, 〈하반기 신입사원 뽑는 유통가, '비대면 채용' 확대〉, 스페셜경제, 2020. 10. 4.
· 안정호, 〈'랜선 콘서트' · '실내에서 야외로'…코로나가 바꾼 추석 안방극장〉, PD저
널, 2020. 9. 25.
· 이재윤, 〈전 세계 75만 명 · 250억 벌어들인 'BTS 방방콘' 대박 비결〉, 머니투데이,
2020. 6. 24.
· 박선미, 〈코로나19 재확산에 불투명해진 은행권 채용…비대면이 대세될 듯〉, 아시
아경제, 2020. 8. 17.
· 변효선, 〈[무너진 공식:재정의 시대③-3] 모든 길은 '랜선'으로 통한다〉, 이투데이,
2020. 6. 15.
· 조민아, 〈전면 '비대면 온라인' 방식으로 확 바뀐 금융권 채용박람회〉, 국민일보,
2020. 8. 27.
· https://www.cnbc.com/2020/08/01/virtual-career-fairs-how-to-land-a-job-
offer-at-an-online-event.html

워라인

직장과 가정이
통합된다

이성은 우리로 하여금 매우 좁은 한계에 매여 있도록 하며,
오직 이미 알고 있는 범위 안에서 이미 알고 있는 삶을 살도
록 요구한다. 그러나 무의식과 신화를 의식화할수록 우리의
인생은 그만큼 통합을 이루게 된다.
- 칼 융

JOB TREND

01 이제 일과 삶이 통합되는 방식으로 변화하고 있다

2020년 채용 트렌드는 일과 삶이 조화를 이루는 '워라하(Work & Life Harmony)'였다. 이전에는 일과 삶의 균형을 중요시하던 '워라밸'(Work & Life Balance)이 대세였다. 이제 위드 코로나(With Corona) 시대로 넘어 가면서 주목받고 있는 키워드는 일과 삶을 통합하는 워라인(Work & Life Integration)이다. 워라밸은 일과 사생활을 이분법으로 나누고 시간 적 제약 때문에 대립하는 관계로 보는 경쟁자(competitor) 관점이라면, 워라인은 일과 사생활을 상호 보완적인 관계로 보는 것이다. 가정에 서 행복한 에너지가 직장으로 연결되는 조화로운 정원사(gardener)의 관점이다.

코로나19로 재택근무가 불가피해지면서 일과 삶을 더 이상 분리 할 수 없는 현실이 도래했다. 워라인이란 집과 근무지가 더 이상 분리되지 않는 상태이다. 펜실베이니아 대학교 와튼스쿨의 스튜어트 프리드먼 교수는 1991년에 일과 삶의 통합을 위해서 'Wharton Work & Life Integration Project'를 설립했다. 프리드먼 교수는 일과 가정, 공동체, 개인 등 네 분야에서 성공을 이루는 '워라인'을 소개하고 있다. 그는 "일의 성공을 위해 가정의 행복과 가치를 뒷전으로 미뤄놓는 기존 방식은 인간의 만족도와 행복감을 저하시킨다"며 "의미 있는 삶을 살기 위해서는 개인 삶의 모든 영역을 조화롭게 통합하는 것이 중요하다"고 조언한다. 일과 삶은 서로 경쟁하는 개념이 아니다. 실제 삶은 4가지 영역, 일·가정·공동체·개인 사이의 상호작용이다. 일과 삶을 통합하는 흐름은 일을 단순히 생계 수단으로 보지 않고 자신의 삶으로 보는 관점이다.

워라인(Work & Life Integration)

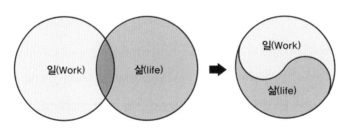

2021년 채용시장은 워라인이 핫 트렌드가 될 것이다. 코로나19 확산 방지를 위해 재택근무를 권고하는 회사가 늘어나고 있다. 전염 위험으로 경제활동이 강제로 멈추고 임시방편이나마 재택근무를 권하는 회사가 보편화되었다. 세계 주요 나라 직장인들이 코로나19로 '집에서 일하기' 실험에 의도하지 않게 참여하고 있다. 화상회의, 재택근무, 원격근무 도입 등 일하는 방식에도 변화가 일어나고 있다. '얼굴을 보고 일한다'는 그동안의 관행은 이제 완전히 뒤집힐 가능성이 크다. 실제로 원격수업, 원격회의 등 신속하고 저렴한 양질의 리모트 워크를 해보니 어떤 일을 할지 제대로 정하기만 하면 집에서도 충분히 가능하다는 것을 알게 되었다. 하루 24시간 중 집에서 어떻게 시간을 사용하는지가 중요하다.

침대에서 책상으로 출근하는 시대가 도래한다

위드 코로나 시대에 채용 패러다임이 완전히 바뀌고 있다. 코로나19의 확산과 대응 과정에서 가족이 직면한 어려움은 어린이집과 유치원의 휴원, 각급 학교의 휴교로 인한 돌봄 공백과 '사회적 거리두기' 때문에 반강제적으로 시작된 재택·원격근무가 어느새 익숙해졌다. 코로나19 이전에는 IT업계나 외국계 기업에서만 이뤄지던 재택근무가 국내의 대기업, 중소기업까지 확산되었다. 일하기 위해서는 회사로 '출근해야 한다'는 고정관념이 깨지고 있다. 심지어 침대에서 책상으로 출근하는 상황이 도래했다. 화상회의로 팀원들이 각자 업무 계획을 공유한다. 이제 스킨십 리더십보다 리모트 리더십이 부각되고 있다. 톱다운 방식(Top-down approach)의 명령에서 벗어나고 있는 것이다.

무엇을 할 것인가(Doing)보다 구성원의 존재(Being)를 인정하는 것이 중요하다. 이것은 애자일 문화로 일에 대한 절차보다 어떤 경험을 하고 있느냐, 즉 결과보다 과정에 의미를 둔다. 거래처에 전화하고 직원에게 업무 지시를 보내고 오후 6시에 컴퓨터를 끄면 퇴근한다.

리모트 워크는 우리의 일과 삶을 통합하고 있다. 리모트 워크 (Remote Work)란 2011년경 임대료가 비싼 미국 실리콘밸리에서 등장한 개념이다. 비싼 사무실과 주거 비용의 한계에서 벗어나 다양한 지역에서 인재를 채용하여 원격으로 협업하는 방식을 도입한 것이다. 리모트 워크는 우리말로 하면 '원격근무'로 재택근무를 포함한 상위 개념이다. 얼굴을 맞대지 않고 일하는 비대면 업무 방식이기 때문에 코로나19 이후 가장 보편적으로 시행되고 있는 근무 형태다. 언제나 이동이 가능한 모바일 오피스, 홈 오피스, 원격 사무실 형태인 스마트워크 센터(smart work center) 등이 스마트 워크의 대표적인 유형이라고 볼 수 있다. '사무실이 내가 일하는 곳'에서 '내가 일하는 곳이 사무실'이라는 인식의 변화가 생겨나고 있다.

02 일과 삶을 통합하는 리모트 워크 시대 - 세계 동향

스마트 오피스를 넘어 오피스 프리를 선언하다

출퇴근 지옥철에서 생면부지의 사람들과 의도하지 않게 몸을 밀착했던 경험을 떠올리는 사람들에게 희소식이 있다. 외국에서는 이미 전 직원이 원격근무를 하는 '오피스 프리(Office Free)' 기업이 있다. 워드프레스로 유명한 오토매틱, 소셜 미디어 매니지먼트 플랫폼 버퍼(Buffer)와 디자인 소프트웨어 회사 인비전(InVision) 등은 한 공간에 모여 일을 처리하는 전통적 방식을 완전히 탈피하고, 전 세계에 흩어져 자유롭게 일한다. 그들은 '직원들을 채용하는 대신 그들이 현재 있는 곳에서 일하게 만들면 어떨까?'라는 질문을 기반으로 리모트 워크를 도입했다.

오토매틱 사내에는 '커뮤니케이션은 산소(Communication is oxygen)'라는 사내 모토가 있다. 직접 얼굴을 보고 일하는 관계가 아니기 때문에 더욱더 소통이 중요하다. 70여 개국에 흩어져 근무하는 오토매틱 직원은 1년에 한 번 정기 모임을 가진다. 평소에는 집, 개인 사무실, 카페 등 자신이 원하는 곳에서 업무를 본다. 홈오피스를 꾸미거나 개인 사무공간을 빌리는 데 드는 비용, 심지어 카페에서 일할 때 마시는 음료값까지도 회사가 지원한다. 이 모든 지원 비용을 합쳐도 대형 사무실을 운영하는 비용보다 훨씬 저렴하다. 기업의 입장에서 사무

기존 방식과 리모트 워크의 차이

	기존 방식	리모트 워크
장점	· 업무와 개인 시간이 명확해서 일과 삶의 경계가 분명함 · 대인관계가 원만해지고 사회성이 높아짐 · 회의 중에 참여 몰입도 증가 · 사무실에서 딴짓해도 티가 잘 안 남 · 직원들끼리 서로 챙겨줌	· 업무 자율성을 가지기 때문에 스트레스 감소 · 출근 이동 시간 절약 · 불필요한 접촉을 하지 않아 시간을 효율적으로 사용 · 재택근무로 임원이 소집했던 불필요한 회의가 축소됨 · 교통비, 품위유지비 등 비용 절감
단점	· 개인적 시간과 업무 자율성을 갖기 어려움 · 불필요한 대면 접촉이 많아서 쓸데없는 시간을 낭비함 · 출근 이동 시간에 따라 지옥철을 타면 피로도가 증가 · 수시로 임원들이 직원에게 불필요한 회의를 소집해서 짜증이 남 · 교통비, 품위유지비 등 비용 증가	· 업무와 개인 시간의 경계가 불명확해짐 · 장기간 대인관계가 줄어들면서 외로움과 고립감이 커짐 · 화상회의 중에 불쑥 가족이 끼어들어 제대로 참여하지 못할 가능성 · 집중도 감소 · 일을 대충 한다고 생각할까 봐 스트레스 증가

실 유지비를 절약할 수 있고 직원들로서는 출퇴근 시간도 아끼고 편안하게 일할 수 있어 일거양득인 셈이다. 이른바 탈사무실(脫事務室)의 개념이다. 일하는 데 장소가 중요한 것이 아니다.

일은 어디서든 사랑할 수 있다

코로나19가 전통적인 사무실 근무 개념을 바꾸고 있다. 재택근무 실험이 탈사무실 경향을 불러오고 있다. 미국 샌프란시스코와 실리콘밸리 부동산 가격 상승을 주도하던 글로벌 IT기업들은 직원들이 재택근무를 영구히 할 수 있도록 하고 사옥 확장 계획을 접었다. #LoveWhereYouWork라는 태그가 달린 트윗을 자주 날리는 트위터 공동 설립자 겸 최고경영자(CEO) 잭 도시는 전 세계 임직원들에게 보낸 이메일에서 "지난 수개월 동안 원격근무를 해보니 업무에 지장이 없다는 사실을 확인했다. 코로나19가 끝나더라도 원하는 직원은 앞으로 계속 원격근무를 할 수 있다"고 밝혔다. 트위터는 '분산된 인력(distributed workforce)'이라는 개념을 토대로 재택근무를 활성화하고자 하는 움직임을 보여온 기업이다. 재택근무가 가능한 직원은 집에서 일해도 문제될 것이 없으며 오히려 일의 효율성, 생산성이 증가하고 기업은 유동적으로 움직일 수 있다. 리모트 워크에서 가장 중요한 것은 자율이다.

구글 CEO 다르 피차이는 직원들에게 이메일을 보내 "코로나19 확산이 멈춰 이동 제한이 풀리더라도 구글은 원격근무와 온라인 행사를 계속할 계획"이라고 밝혔다. 구글의 경우 코로나19로 인한 원격근무 확산으로 예정된 사옥 확장까지 멈춘 상태다. 당초 구글은 직원 1인당 100제곱피트(약 9.3㎡)에 불과한 사무실 공간을 직원 1인당 200~300제곱피트 수준으로 확장한다는 계획을 세우고 미국 마운틴 뷰 인근의 부동산을 모조리 사들이고 있었다. 약 7만 제곱미터 규모 의 마운틴뷰 건물 10개 동을 사들인다는 가계약을 맺고 '구글 캠퍼스 4'를 확장한다는 계획도 세웠다. 하지만 코로나19로 부동산 매입을 중단하고 전면 재검토에 들어갔다.

페이스북 CEO 마크 저커버그는 "앞으로 5~10년에 걸쳐 4만 8,000명 의 페이스북 직원 중 절반이 '영원히' 원격근무를 하게 될 것이며 직 원 채용도 앞으로 원격으로만 진행할 것"이라고 말했다. IT 업계에 원격근무가 새로운 일상이 되면서 개발자들에게 출퇴근은 '옵션'이 되었다. 미국에서는 생활필수품이나 다름없는 자동차를 중고시장에 내다 파는 움직임이 확산되고 있다. 출퇴근을 위해 2~3대씩 가지고 있던 자동차를 1대로 줄이려는 움직임이다. 지금은 차만 내다 팔고 있지만, 원격근무가 일상이 되면 샌프란시스코, 실리콘밸리와 같이 월세가 비싼 동네를 떠나겠다는 추세도 확산될 것이다.

리모트 워크가 활성화되면 가장 기뻐할 사람들은 최소 1시간 30분 이상 출근을 소비하는 '장거리 통근족(Extreme Commuters)'들이다. 이들 은 러시아워를 겪지 않고 출근 이동 시간을 절약할 수 있으며 교통 비, 품위유지비 등도 줄일 수 있다. 리모트 워크의 장점은 업무 자율 성으로 스트레스를 감소할 수 있는 것이다. 불필요한 대면 접촉을 하 지 않으니 시간을 효율적으로 사용할 수 있다. 재택근무를 하니 갑자 기 임원이 소집하는 불필요한 회의도 줄어든다. 기업 입장에서는 사 무실 임대료 등 고정비를 줄일 수 있어서 좋다. 물론 혼자 일하면 외로움을 탈 수 있다. 다른 팀원들은 사무실에 모여 일하는데 나만 원격근무를 하고 있다면 소외감이 들뿐더러 중요한 정보를 공유받지 못해 손해를 볼 우려가 있다. 하지만 모든 팀원이 재택근무를 하면 그런 소외감도 사라진다. 직원들에게 동질감과 소속감을 줄 수 있다면 원격근무의 단점을 줄이면서 장점만 강화할 수 있다. 조직원 모두가 원격으로 근무하며 메신저와 전화 등으로 소통한다면 문제없다는 것이다. 기업들이 영상회의 서비스와 협업 도구를 활용해 원격근무를 성공적으로 하고 있다. 일과 가정을 통합하는 '리모트 워크'로 아예 바뀌고 있는 것이다.

전미경제연구소(National Bureau of Economic Research)의 보고서에 따르면 전체 미국 일자리 가운데 37%가 재택근무가 가능한 것으로 조사됐다. 우선 산업 분야별로 보면 재택근무를 할 수 있는 업무 비율이 가장 높은 분야는 교육으로 나타났다. 교육 서비스 산업은 전체 업무의 83%가 재택근무를 할 수 있어 코로나 사태가 장기화할 경우 재택근무로 전환할 가능성이 가장 큰 분야로 분류됐다. 과학과 기술 그리고 전문 서비스 분야의 업무도 80%가 집에서 할 수 있는 것으로 조사됐다. 전미경제연구소에 따르면 기업관리 서비스, 금융과 보험 그리고 정보 서비스 산업 분야도 업무의 70% 이상을 출근하지 않고 집에서 할 수 있는 것으로 분석됐다고 밝혔다. 흥미로운 점은 재택 가능 업무 비중이 가장 높은 5개 분야는 상대적으로 소득이 높은 '화이트칼라' 직군이라는 것이다. 리모트 워크가 무조건 좋은 것은 아니다. 면대면으로 대화할 때 빨리 끝나는 일을 문서를 만들어서 공유하는 점도 불편함으로 꼽을 수 있다.

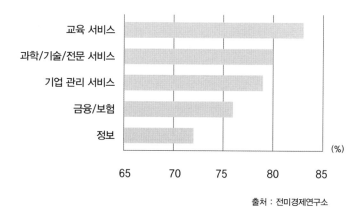

재택 가능 업무 비율 상위 업종 비율

출처 : 전미경제연구소

리모트 워크는 상급자가 지시·책임 권한을 갖고 직원들이 따르는 수직적인 업무 문화를 뒤바꿀 것으로 예측된다. 코로나19를 계기로 외국계 기업이나 스타트업처럼 유연하지만 엄격한 성과주의 문화로 전환될 전망이다. 국내 기업이 '코로나19 이후 대응' 방안으로 클라우드 등 원격 업무 관련 투자를 늘리고 인건비, 관리비 등을 절감하고 있다. 이런 리모트 워크 환경에 비교적 덜 익숙한 시니어들을 중심으로 불안감이 확산되기도 한다. 재택·유연근무에 대한 적응력이 상대적으로 떨어지고 인건비는 비싸서 앞으로 근무 환경이 격변하는 과정에서 우선 구조조정 대상이 될 수 있기 때문이다. 시니어들은 디지털 도구를 활용해 스케줄을 투명하게 공유하고 민첩하게 소통하는 '리모트 리더십'이 중요하다. 인재들 개개인의 전문성을 살리면서 효과적으로 협업할 수 있도록 북돋워야 한다. 점차 작은 프로젝트 단위로 '리모트 리더십' 능력이 중요해질 전망이다.

03 일과 삶을 통합하는 리모트 워크 시대 - 국내 동향

디지털 노마드, 스마트워크, 리모트 워크 등 무수한 트렌드 키워드가 난무하고 있다. 코로나를 계기로 국내 기업들이 재택근무, 자율 출근 등 비대면을 바탕으로 한 새로운 근무 형태 도입을 추진하고 있다. 삼성, 현대차, SK, LG, 롯데 등 국내 주요 대기업들은 일제히 사회적 거리두기 동참 차원에서 재택근무를 도입했다. 코로나19발(發) 재택근무 열차는 고속으로 달리기 시작했다. 어떤 이들은 심리적인 긴장감을 높이기 위해 집 안에서 일부러 정장을 입고 컴퓨터가 있는 방으로 출근하고, 어떤 이들은 화상회의를 할 때는 옷을 반드시 갈아 입는다고 한다. 예전처럼 반드시 회사에 출근해서 일해야 한다는 인식이 바뀌고 있다. 서로를 믿으면서 일하되 결과에 대한 책임을 모두 지는 것이다. 책임감은 결국 투명한 정보 공개에서 나온다.

국내 기업들도 오피스 프리를 선언하기 시작했다. 네이버 자회사 NHN 토스트는 개발자의 근무 특성과 업무 효율을 고려해 '오피스 프리' 제도를 도입했다. 일주일 중 월요일과 목요일만 4시간씩 회사에서 근무하는 제도다. 경쟁 업체보다 매력적인 근무 환경을 앞세워 IT 인재를 끌어들이겠다는 전략이다. NHN 관계자는 "본사(판교)와 서울 간 장거리 출퇴근으로 힘들어하는 개발자가 많았는데 "파격적인 원격근무 도입으로 육아 등으로 일을 그만둔 여성 개발자도 채용이 가능해졌다"고 말했다. 여행사인 NHN 여행박사, 출판사 위즈덤하우스 등 IT 계열이 아닌 타 그룹사의 IT 업무에도 NHN 토스트를 통해 체계적으로 지원할 방침이다. 개발자들은 IT가 본업인 기업에서 일하는 것을 선호하기 때문에 이외의 자회사들이 개발자 인력난에 시달리는 점을 감안한 것이다.

대기업 중에는 SK가 재택·유연근무에 가장 적극적이다. 재택근무에 대한 임직원의 만족도 등을 조사하고 재택근무를 중단하면서 '스마트워크' 체제로 전환했다. 직원들이 근무 시간을 각자 유연하게 설계하고, 재택근무 인력과 사무실 출근 인력을 분산한다. 회의와 보고도 가급적 비대면으로 진행하고, 채용도 비대면 방식을 도입했다. 재택근무의 대표적인 단점으로는 사무실에 있을 때보다 집중력이 흐려진다는 점인데, 재택과 출근을 혼합하는 절충 방식에 직원들의 만족도가 높은 것으로 전해졌다. SK이노베이션은 코로나19 이후 새로운 근무 형태에 대해 본격적으로 고민하고 있다. 한 달에 일주일만 출근하고 나머지 3주일은 '오피스 프리' 근무를 적용하는, 이른바 '1+3 실험'을 진행했다. 직원들이 사무실에서 근무하는 것과 자유로운 공간에서 일하는 것의 차이점을 파악하기 위한 차원이었다.

SK그룹 최태원 회장은 SK수펙스추구협의회 회의에서 "각 관계사가 위기 돌파를 위한 생존 조건을 확보하고 근무 형태 변화의 경험을 일하는 방식의 혁신을 위한 계기로 삼아달라"고 당부했다. 최근 국내 기업들 사이에서는 재택근무, 유연근무제를 운영하면서 성공한 스타트업이나 외국계 기업들에 대한 사례 연구가 한창이다. 코로나19 이후에 재택근무가 끝나거나 축소되더라도 전통적인 근무 방식에 대한 변화의 필요성을 깨달았기 때문이다. 한 대기업 임원은 "시행 초기만 해도 보안 문제, 업무 집중도 우려 등으로 재택근무에 대해 임원들은 대체로 회의적이었지만 실제로 큰 문제 없이 회사가 돌아가는 것을 확인하고 생각이 점차 바뀌는 분위기"라고 말했다.

국내에서는 직원들의 밀집을 막고 출퇴근 시간을 단축할 수 있는 거점 오피스가 대안으로 떠오르고 있다. SK텔레콤은 서울 주요 지역과 인근 도시에 거점 오피스를 마련해 서울 을지로 사옥에 직원들이 몰리는 것을 막고, 전 직원의 출퇴근 시간을 20분 이내로 줄이겠다고 밝혔다. 박정호 SK텔레콤 사장은 "비대면 시대는 정보통신기업에는 위기이자 기회다. 비대면 문화 확산을 위해 직원들의 분산 배치를 추진하겠다"고 말했다.

리모트 워크의 대표적 국내 기업으로는 2017년 가정집에서 창업한 코니바이에린이 꼽힌다. 아기띠 등 육아용품을 만드는 이 업체는 부부인 임이랑·김동현 공동대표부터 직원들까지 모두 재택근무를 한다. 이 회사의 업무는 슬랙, 드롭박스, 행아웃 등 클라우드 기반으로 이루어지며, 직원이 근무 시간대를 자율적으로 정한다. 전 직원은 월간 업무 계획을 공유하고 목표량과 성과를 주기적으로 점검한다. 직원이 15명인 이 회사는 2018년 50억 원이었던 매출이 2019년에 147억 원으로 늘었다. 그중 해외 매출이 80% 정도를 차지한다. 코로나19 여파로 다른 업종은 타격을 받았지만 2020년에도 코니바이에린은 이미 상반기에만 매출 110억 원을 돌파했다. 자사몰을 통한 D2C 영역이 해외 틈새시장으로 확장되는 분위기다. D2C(Direct to Consumer)란 가격 경쟁력을 높이기 위해 유통 단계를 제거하고 온라인 자사몰 등에서 소비자에게 직접 제품을 판매하는 방식을 뜻한다. SNS에서 해시태그로 '#코니아기띠'를 검색해보면 국내보다 해외에서 이미지와 동영상이 더 많이 뜰 정도다.

리모트 워크에 대한 개념이 처음 나온 지는 10년이 넘었지만 코로나19 사태로 빠르게 현실화되고 있다. 거점 오피스는 지난 2010년 KT가 '스마트워크'라는 이름으로 추진했으나, 당시 정보통신 업계의 비대면에 대한 이해 부족으로 2014년 초 관련 사업을 중단한 바 있다. 아무리 기술이 빨리 개발되더라도 그 기술을 사용하는 사람의 의식이 변하지 않으면 소용없다. 기업 입장에서는 비용 절감 문제도 있는 만큼 코로나19 이후에 기존 대규모 오피스 형태의 문화는 빠르게 변화할 수밖에 없다.

04 리모트 워크 시 유의해야 할 점 5가지

리모트 워크는 어차피 사람을 다루는 관리 방법 중 하나다. 일에 대한 재해석이기 때문에 비즈니스의 특성, 조직문화에 적합한 제도 도입이 수반되어야 한다. 통근 시간 절약, 사무실 임대비용 절감 등의 명분만으로 되는 것은 아니다. 가장 좋은 일하는 방식은 충분한 교육과 테스트를 통해 가장 현실적인 부분부터 선별적으로 도입을 고려해야 한다.

1. 업무와 개인 시간의 경계가 불명확해질 수 있다

리모트 워크는 업무 효율 증대 효과가 뚜렷하지 않고 일과 쉼의 경계가 모호해지며 과로가 커진다는 점이 문제점으로 지적된다. 국제노동기구(ILO)가 유럽연합(EU) 회원국을 조사한 결과 사무실 밖 근무는 생산성은 향상되나 업무 시간이 길어지고 사생활의 혼재가 일어날 위험이 큰 것으로 나타났다. 점점 가족관계의 갈등이 심해질 수 있다. 예를 들어 네덜란드 재택근무자의 절반(50%)이 일요일에도 근무를 했다. 스트레스를 호소하는 비율도 40%로 사무실 근무(20%)에 비해 2배나 많았다. 이제는 워라밸처럼 일과 사생활을 분리해서 생각하지 말고 워라인으로 일과 사생활을 통합해서 어떻게 조화롭게 영위할지 성찰해야 한다.

2. 업무 집중도가 감소될 수 있다

리모트 워크는 일과 삶의 혼란으로 업무에 방해될 수 있다. 실제로 전업 작가들은 자택에서 벗어나 별도의 집필공간에서 작업한다. 작가들이 집필실을 원하는 이유는 글을 쓸 때 오히려 집에 있으면 방해를 받기 때문이다. 자녀 양육 문제나 집안일에 신경 쓰지 않는다며 식구들의 눈총도 받을 수 있다. 작가에게 지원하는 공간으로는 강원도 백담사 만해마을과 원주의 토지문화관, 서울의 연희문학창작촌이 대표적이다. 제주도의 마라도 창작스튜디오의 콘셉트는 아예 '자발적 유배의 시간'이다. 조선시대 최대 유배지였던 제주에서 자발적이고 한시적인 유배 생활을 체험할 수 있는 공간을 마련해준다.

3. 장기간 대인관계가 줄어드면 외로움과 책임감이 커질 수 있다

리모트 워크는 분명 출근하지 않아도 좋았지만 그만큼 혼자 책임져야 하는 상황이 많다. 동료들과 물리적으로 분리되어서 장기간 직접 대면하는 기회가 줄어들고 심리적 외로움이 커질 수 있다. 커피

한잔, 점심 식사도 혼자다. 특히 '나 홀로' 거주하는 싱글족이라면 더욱더 그렇다. 또한 재택근무가 일반화될 경우에는 출퇴근, 근무 시간 준수보다는 개인이 만들어내는 업무 성과물을 중점적으로 평가가 이루어질 것이다. 일하는 시간을 자율적으로 하되, 결과물을 혼자 책임져야 하는 것이다.

4. 도중에 불쑥 끼어드는 아이 때문에 화상회의에 제대로 참여하지 못할 수 있다

화상회의를 하는 도중에 불쑥 아이들이 출연하는 장면이 간혹 있다. 집에서 근무할 경우 변수가 많기 때문에 원격근무나 재택근무 시 가정환경에 대해 고려해야 할 요인들이 꽤 많다. 엔지니어, 디자이너 등 독립적 직무나 그렇지 않은 직무에 따라 다를 수도 있다.

5. 일을 대충 한다고 생각할까 봐 오히려 스트레스를 받을 수 있다

리모트 워크는 비동기식 커뮤니케이션을 기반으로 일한다. 이메일이나 채팅, 협업 툴 등은 실시간이 아니라 시간 차가 있기 때문이다. 솔직한 느낌이나 개인적 생각이 잘 전달되지 않아서 오해의 소지도 많다. 리모트 워크는 업무의 자율성 보장, 성과에 대한 책임, 일과 사생활의 통합, 가사 분담 등을 고려해야 한다.

리모트 워크는 빛과 그림자가 공존한다. 코로나19 상황에서 대면 미팅을 하지 않아도 업무에 지장이 없고 반드시 사무실에 붙어 있어야 일을 하는 것이 아니라는 것을 깨달았다. 리모트 워크는 비용 절감을 명분으로 '사무실의 붕괴'로 이어지고, 탈사무실, 탈도심화, 공동화(空洞化) 현상을 불러와 부동산 시장에도 영향을 줄 수 있다. 따라서 리모트 워크가 사무실이라는 공간 개념 자체를 새로 재정립할 수 있는 기회를 제공할 전망이다.

참고문헌

· 강일용, 〈포스트 코로나, 퍼스트 코리아!〉 "사무실 안 삽니다" 실리콘밸리 發 탈사
무실 열풍···한국에도 상륙〉, 2020. 6. 22.

· 김경미, 〈나훈아 랜선공연 시청률 29% 기록··· 트롯노장의 힘〉, 여성조선, 2020. 10. 1.

· 김주완, 〈인력 확보에 '올인'한 NHN···개발자 일하기 편한 자회사 설립〉, 한국경제,
2020. 8. 27.

· 이지현, 〈'워드프레스'의 기업 오토매틱, 원격근무의 천국〉, 블로터넷, 2016. 5. 23.

· 임온유, 〈[코로나 대변혁] 글로벌 인재채용 VS 창의성 실종〉, 아시아경제, 2020. 5. 4.

· 임영신, 〈트위터 "원한다면 언제든지 재택근무" 하세요〉, 매일경제, 2020. 5. 13.

· 마크 펜 · 킨니 잘레스니, ≪마이크로트렌드≫, 해냄, 2007.

· 스튜어트 프리드먼, ≪와튼스쿨 인생 특강≫, 베가북스, 2015.

· 재단법인 제주창조경제혁신센터, ≪리모트워크로 스타트업≫, 하움출판사, 2019.

멀티커리어리즘

여러 직업의
시대가 온다

자립만이 진정한 자유로 가는 길이며, 자신의 정체를 찾는 것
이 그 궁극적 보상이다.
— 패트리샤 샘슨

JOB TREND

01 한 우물을 파기보다 다직종 시대로 넘어가고 있다

《채용 트렌드 2020》에서 '긱 워커(Gig Worker)'가 급격하게 증가하고 있다고 소개했다. 2021년에는 '멀티커리어리즘' 시대가 온다.

밀레니얼 세대는 멀티플레이에 능하다. 이들은 기존 세대와 다르게 자신을 한 회사의 경력과 동일시하지 않는다. 그들은 회사를 위해 일하는 것이 아니라 자발적으로 프로젝트를 만든다. 멀티커리어리즘은 하나의 직업에 얽매이지 않고 다양한 사회활동으로 자아를 실현하고자 하는 현상을 의미한다. 멀티커리어리즘은 N잡러와 비슷하다. N잡러는 무한대를 의미하는 알파벳 'N'과 일을 의미하는 'Job', 사람을 뜻하는 접미사 'er'의 합성어로 두 개 이상의 직업과 소속을 지닌 사람이자 그런 형태를 일컫는다. N잡러는 여러 직장과 직업을 갖는 것이 목적이 아니라, 스스로 판단하고 결정할 수 있는 삶을 지향한다. 그러면 N잡러와 멀티커리어리즘은 어떤 차이가 있을까? 이제는 N직업을 넘어서 멀티커리어로 범위를 넓히고 있다.

2012년 《포브스》에 게재된 칼럼 〈밀레니얼 세대가 허슬러로서의 경력을 재정의하는 방법: 멀티커리어리즘 시대가 온다〉에서 라리사 포(Larissa Faw)는 밀레니얼 세대의 멀티커리어리즘 현상을 묘사한 적이 있다. 그는 비아콤(Viacom)의 혁신사업부 로스 마틴(Ross Martin)의 말을 인용한다. "(밀레니얼 세대는) 그저 1루수이거나 좌익수이거나 하지 않아요. 그들은 '운동선수'죠. 그들의 외장 하드는 한 번에 여러 일을 할 수 있게끔 어디에든 연결될 수 있어요." 멀티커리어리즘은 단순히 포지션 플레이어가 아니다. 그들은 단지 1루수나 3루수만 역할을 바꾸는 것이 아니라 야구선수로서 1루수, 2루수, 3루수, 좌익수, 우익수 등 여러 역할을 맡을 수 있다. 여러 역할을 하면 융합형 인재로 성장할 수 있다.

밀레니얼 세대는 동시에 순차적으로 여러 작업을 수행하고 있다.

미국 데브리 대학(DeVry University)과 해리스 여론조사소(Harris Interactive)에 따르면, 미국인 4명 중 1명(22%)이 전문직에 종사하는 동안 6개 이상의 회사에서 일하는 것으로 나타났다. 그리고 28%는 그들의 경력 기간 동안 3명 미만의 고용주를 위해 일하고 있다. 이는 일과 삶의 우선순위를 바꾸고 직업에 대한 재정의를 내리고 있다. 밀레니얼 세대들은 그들의 정체성을 한 회사나 경력에 고정하지 않는다.

'멀티포텐셜라이트(Multipotentialite)'는 에밀리 와프닉이 《모든 것이 되는 법》에서 소개한 개념이다. '한마디로 말해 다양한 분야의 재능을 결합하고 연결해 혁신을 만들어내는 사람'을 뜻한다. 잠재력

(potential)은 직업(job)에서 일(work)의 단위가 쪼개진다. 팀 페리스(Tim Ferris)는 《나는 4시간만 일한다》에서 "백만장자처럼 살기 위해 노예처럼 일할 필요가 있을까?", "40년 동안 일만 하다 은퇴 후 보상받는 인생 계획이 정말 괜찮은가?"라고 되묻고 있다.

밀레니얼 세대는 원격근무, 정보 다이어트, 수입 자동화, 미니 은퇴, 최소한으로 일하며 원하는 대로 사는 법을 찾고 있다. 향후 인공지능, 로봇, 사물인터넷, 빅데이터, 드론 등의 확산으로 많은 직업군이 사라질 것이다. 1인 다직종(多職種) 시대의 출현으로 일의 종류에 따라 돌아다니거나 매일매일 다른 직장에 출근하고 일정한 소속이 없이 자유롭게 일하는 인디펜던트 워커로 성장하는 것이다. 멀티커리어리즘 시대에는 인디펜던트 워커로서 다양한 커리어를 쌓을 수밖에 없다.

원래 'independent'는 'in(not)'과 'depend'가 결합되어 '매달리지 않고 독립되어 일하는 사람을 의미한다. '긱 워커'가 필요에 따라 임시직으로 고용하는 것을 일컫는 용어라면 '인디펜던트 워커'는 혼자 독립해서 일하는 '노동 주체'라는 의미에 방점이 찍힌다. 최근 김미경 작가가 《리부트》에서 미래형 인재인 '인디펜던트 워커'를 언급해서 널리 알려지게 되었다. 편의상 인디펜던트 워커를 '인디워커'라고 줄여서 부른다. 한마디로 '인디워커(Indie-worker)'는 독립적으로 자유롭게 일할 수 있는 사람이다. 컨택트가 사라진 세상에 남는 것은 간판보다 결국 실력뿐이다. 예전에는 일은 좀 못해도 인간관계가 좋고 회사에 충성심이 있으면 되었지만 이제는 똑같은 조건에서 오직 나 홀로 실력으로 인정받아야 한다. '인디워커'란 어디에도 소속되지 않고 실력으로 프로젝트를 마무리하고 돈을 받는 독립적인 노동 주체를 말한다.

맥킨지 글로벌 인스티튜트(McKinsey Global Institute)가 발간한 〈인디펜던트 워크, 선택과 필요: 긱 이코노미〉(2016년)에 따르면 유럽과 미국 15개국에서 최대 1억 6,200만 명(노동인구 중 20~30%)이 어떤 형태든 '인디워커'로 일하는 것으로 밝혀졌다. 인구 통계상 다양하지만 인디워커의 유형을 크게 4가지로 나눌 수 있다.

인디워커의 4가지 유형

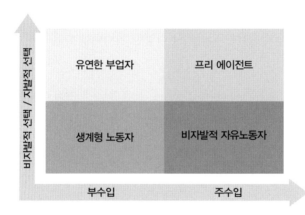

첫째, 6,400만 명(40%) 정도인 '유연한 부업자(casual earners)'는 전통적 직장에 다니거나 학생 또는 주부이면서 유연하게 '인디펜던트 워크'를 통해 부수입을 올리는 사람들을 말한다. 이들은 격식에 매이지 않고 가볍게 돈을 버는 것을 추구한다.

둘째, 미국과 유럽 15개국에서 4,900만 명(30%)을 차지하는 '프리에이전트(free agents)'는 자발적으로 '인디펜던트 워크'를 주 수입원으로 삼는 사람들이다. 프리 에이전트라는 용어는 다니엘 핑크가 2001년 《프리에이전트의 시대가 오고 있다》에서 조직인간 시대는 끝났으며 노동시장을 이끄는 프리 에이전트 시대가 올 것이라고 예측하면서 언급했다.

셋째, 2,300만 명(14%)인 '비자발적 자유노동자(reluctants)'는 전통적 직장에서 임금 노동자로 일하는 것이 불가능해서 마지못해 '인디펜던트 워크'를 하는 사람들을 말한다. 릴럭턴트 셀러 효과란 뛰어난 장사꾼들이 흔히 쓰는 것으로, 아끼는 물건을 마지못해 판매하는 것처럼 굴어 비싼 가격에도 선뜻 물건을 사게 만드는 수법을 말하기도 한다.

넷째, 1,600만 명(26%)에 해당하는 '생계형 노동자(financially strapped)'는 경제적 생존을 위해 인디펜던트 워크를 통해 부가적 수입을 벌어야 하는 사람들을 말한다. 이들을 나누는 기준은 인디펜던트 워크를 통해 얻은 수입이 주 수입이냐 부수입이냐 하는 것이다. 다른 축은 자발적 선택이냐 비자발적 선택이냐로 그 사람의 내적 동기를 말한다.

프리랜서, 긱 워커, 인디워커 등의 개념을 명확하게 알아야 한다. 재미있는 것은 프리랜서의 어원이 '싸움터'가 연상된다면 긱 워커, 인디워커의 어원은 '공연장'이 연상된다는 것이다.

'프리랜서(Free-lancer)'란 일정한 소속 없이 자유 계약으로 일하는 사람이다. 어원을 살펴보면 원래 중세의 영주나 군대에 소속되어 있지 않는 자유로운(free) 상태에서 돈을 주면 특정한 싸움을 위해 싸우는 용병으로 활동하는 창기병(lancer)을 의미했다. 프리랜서의 장점은 조직에 속하지 않기 때문에 비슷한 일이 아니라 다양한 일과 다양한 사람들을 만나면서 경험을 넓힐 수가 있다. 단점은 조직에서 얻을 수 있는 다양한 복지 혜택을 누릴 수 없다는 것이다. 건강보험, 국민연금, 고용보험, 산재보험 등 4대 보험도 본인이 들어야 한다. 프리랜서는 작가, 번역가, 강사, 프로그래머, 디자이너 등 일정한 분야에 국한된 경우가 많다.

'긱 워커(Gig Worker)'란 디지털 플랫폼에서 단기 계약을 맺고 일하는 사람이다. 원래 1920년대 미국 재즈 공연장에서 단기 공연을 진행할 때 필요에 따라 임시로 쓴 재즈 연주자들을 긱(gig)이라고 불렀다. 긱 워커의 장점은 디지털 플랫폼에서 일하므로 출근할 필요가 없고 다양한 일을 경험할 수 있는 것이다. 단점은 같은 공간에서 근무하면서 배울 수 있는 다양한 교육, 나보다 뛰어난 멘토에게 받는 멘토링, 함께 뛰면서 배우는 파트너십, 코칭 등을 받기 어렵다는 것이다. 긱 워커는 전문 분야로 확산되고 있다.

'인디 워커(Indie worker)'란 인디밴드(indie band)처럼 주류의 통제에서 벗어나 독창적이고 독립적인 음악을 추구하는 사람들을 칭한다. 인디 워커의 장점은 독립적으로 일하면서 조직의 병폐, 구성원 간의 갈등으로 인한 스트레스가 줄어들 수 있는 것이다. 단점은 수익이 불규칙해서 고정 수익이 발생하기 전까지 시드머니가 필요하고, 이미 독립 사업체로서 사업등록증이 있어야 하기 때문에 세금 문제가 따른다.

인디 워커는 기본 상식으로 세무 지식이 있어야 한다. 예를 들어 인디 워커로 강의를 했다면 담당자가 이렇게 묻는다. "원천징수를 기타 소득으로 할까요? 아니면 사업소득으로 할까요?" 기타 소득으로 지급한다면 총지급액의 통상 8.8%를 원천징수하고 나머지를 지급한다(1,000,000−88,000(기타 소득세 8.8%)=912,000원). 사업소득으로 지급한다면 총지급액의 3.3%를 원천징수하고 나머지를 지급한다(1,000,000−33,000(사업소득세 3.3%)=967,000원). 사업소득은 강의를 지속적으로 하는 경우, 기타 소득은 한두 번 하는 경우이다.

인디 워커가 늘어나면서 과세 당국이 다소 난감해졌다. 이들이 얻는 소득의 분류, 즉 수동적 소득과 적극적 소득의 경계선이 명확하지 않은 탓이다. 미국 국세청은 '물리적인 근로 참여 시간이 1년에 100시간 이상이며, 가장 주도적으로 참여한 경우' 근로소득으로 간주한다. 워낙 디지털 소득을 얻는 방식이 다양하고 새로워서 논란은 진행형이다. 주요국들이 자본·사업소득을 패시브 인컴으로 구분하는 것은 일하지 않고 얻은 소득에 대한 차별적 과세를 정당화하기 위해서다. 특히 근로 행위가 전혀 없는 자본소득에 대해서는 대부분의 나라에서 가장 높은 세율의 누진 과세 방식을 적용한다. 종합과세는 기본이고 추가 과세도 한다. 미국의 '순투자소득세'는 금융투자소득이 부부 납세자 기준 연 25만 달러 이상이면 고율의 세금을 다 낸 뒤에 3.8%의 추가 세금을 물리는 것이다. 이로부터 나온 세수는 저소득층 의료비 재원으로 활용한다. 인디 워커가 늘어나면서 다양한 문제가 나타나고 있다.

디지털 노마드는 시간과 공간의 제약에서 벗어나 스스로 내 시간을 디자인하고 원하는 장소에서 좋아하는 일을 하며 주체적인 삶을 사는 방법이다. '인디 워커' 트렌드는 하루아침에 만들어지는 것이 아니다. 각자 추구하는 가치관을 바탕으로 일을 하고 라이프스타일까지 통합하므로 일과 삶의 만족도가 높아지는 것이다.

02 멀티커리어리즘 시대 – 세계 동향

하버드 졸업장이 아니라 포트폴리오로 독립을 선언하다

업워크(upwork.com), 프리랜서닷컴(Freelancer.com) 등을 통한 인디펜던트 워커의 증가는 포트폴리오 시대로의 전환을 의미한다. 이력서한 장만으로 개인의 역량을 판단하기 힘들기 때문에 포트폴리오를통해 그 사람의 역량을 평가하는 것이다. 학력, 자격증, 스펙 등 간판은 더 이상 중요하지 않다. 진짜 실력을 결정하는 것은 하버드 졸업장이 아니라 그 사람이 얼마나 이 일에 소질이 있으며 어떠한 역량과 동기를 가지고 노력해왔느냐이다. 세계 최고의 경영사상가인 찰스 핸디는 포트폴리오 인생이라는 말을 사용하면서 거대한 코끼리조직에 기대지 않고, 이제 독립생활자로 단단히 벼룩의 삶을 살아야하는 시대에 놓여 있다고 간파했다. 포트폴리오(portfolio)는 원래 서류가방, 자료 수집철, 자료 묶음 등을 뜻한다. 이력, 경력, 실력 등을보여줄 수 있는 자신의 작품, 작품집, 경력 증명서이다. 포트폴리오를 정리하면서 생애 설계를 다시 짜야 한다.

프랑스의 사회학자 자크 아탈리가 《21세기 사전》에서 "21세기는디지털 장비를 갖고 떠도는 '디지털 노마드(digital nomad)의 시대"라고규정하면서 본격적으로 쓰이게 되었다. 대기업 사원증을 훈장처럼걸고 다니며 '평생직장'을 꿈꾸는 2030 젊은이들이 줄어들고 있다.

이들은 업무 시간과 장소에 구애받지 않고 전 세계 방방곡곡을 즐기면서 일하는 미래를 꿈꾸고 있다.

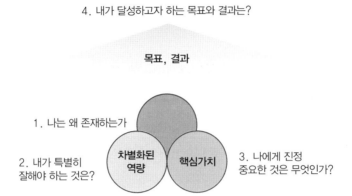

4. 내가 달성하고자 하는 목표와 결과는?

목표, 결과

1. 나는 왜 존재하는가

차별화된 역량

핵심가치

2. 내가 특별히 잘해야 하는 것은?

3. 나에게 진정 중요한 것은 무엇인가?

독일의 미래학자 군둘라 엥리슈는 유목민처럼 과거의 직업 세계에서 벗어나 자유롭게 살아가는 사람을 '잡노마드(Jobnomad)'라고 칭했다. 이들은 평생 한 직장, 한 지역, 한 업종에 매여 살지 않는다. 승진 경쟁에 뛰어들지도 않고 회사를 위해 목숨 바쳐 일하지도 않는다. 잡노마드족은 자신의 가치를 정확히 분석하고 자신을 위해 살아가는 사람이다. 이들은 자신이 원하고 바라던 삶을 꾸려나가기 위해 일반 직장인으로서의 삶을 과감히 포기하고, 자동차, 카페, 공항, 고속버스터미널 등을 자유롭게 이동하면서 일한다.

개인의 취미나 재능, 경험 등을 토대로 기존 직장 개념에서 탈피한 디지털 노마드는 하나의 직업군으로서 일반 직장인들의 선망의 대상으로 부상하고 있다. 디지털 노마드라는 말이 사용됨과 동시에 더 이상 사무실이라는 한정된 공간에서 일하는 데 이미 한계를 느끼고 있다. 디지털 노마드의 핵심 키워드는 '장소로부터의 해방(location independency)'이다. 모바일과 SNS의 사용이 일반화되면서 디지털 노마드는 젊은이들 사이에서 새로운 '로케이션 인디펜던트' 라이프스타일로 부상하고 있다.

어디서 일하느냐보다 어떻게 일하는지가 더 중요하다

디지털 노마드족은 '내가 가장 잘하는 일'에 최선을 다한다. 언제 어디서나 일할 수 있는 공간과 시스템을 갖기를 원한다. 이들은 일상과 삶에서 놓치기 쉬운 소중한 것들을 얻기 위해 이러한 삶을 선택하는 경우가 많다. 일하면서도 충분히 쉬고 있다는 느낌을 원한다. 이들에게 가장 중요한 모토는 '네가 사랑하는 일을 하라'이다. '가장 잘하는 것에 최선을 다하는 것'을 행복으로 여기고 그 일을 하며 살기를 원한다. 그동안 번역가, 통역사, 독립PD, 방송작가, 컨설턴트 등 특정 영역 전문가 혹은 특정 자격증·학위 취득자들이 여기에 해당했다. 최근에는 유튜버, 블로그 마케터, SNS 마케터, 보이스 코치, 소통 전문가, 경영 코치, 커리어 코치, 라이프 코치 등으로 점차 다양해지고 있다.

코로나19 이후 '긱 이코노미'는 어떻게 될 것인가?

긱 이코노미가 발달하면서 새로운 문제가 등장하고 있다. 세계경제포럼(WEF)이 2019년 5월 발표한 〈긱 이코노미 백서〉에서 4차 산업혁명에 따른 자동화와 지금보다 훨씬 다각화한 일자리 수요 등으로 인해 글로벌 긱 이코노미 시장 규모가 2018년 2,040억 달러(약 243

조 원)에서 2023년 4,550억 달러로 2배 이상 팽창할 것이라고 내다봤다. 세계 각국 정부가 코로나19 확산을 억제하기 위한 자택 대기 명령과 이동 제한 등 봉쇄 조치를 취하면서 긱 워커도 큰 타격을 받게 된 것이다. 파트타임 전문 구직 사이트 앱잡스(AppJobs)가 2020년 4월 전 세계 1,400명 긱 이코노미 종사자들을 대상으로 실시한 설문조사에서 응답자의 68%는 수요 급감과 코로나19 감염 우려로 인해 "현재 아무런 소득이 없다"고 답했으며, 89%는 새로운 일자리를 찾고 있다고 밝혔다. "일부 소득을 저축하고 있다"는 답변이 23%에 그치는 등 긱 이코노미 근로자들의 생계가 심각한 위협을 받고 있다. 긱 이코노미는 직업적 유연성을 제공하지만, 근로자들은 실업수당이나 건강보험 또는 병가에 이르기까지 정규직 근로자가 받는 혜택이 거의 없다. 특히 이런 혜택은 코로나19 팬데믹 상황에서 더욱 절실한 것이었다. 〈뉴욕타임스〉는 공중보건 기관이 바이러스 확산을 막고자 사회적 고립을 권장하고 있지만 긱 이코노미 근로자들의 수입원은 바로 다른 사람들과의 지속적인 상호 교류에서 나온다고 지적했다.

이렇게 많은 사람들이 몰릴수록 수당이 적어지는 것은 불가피하다. 미국 〈타임매거진〉에 따르면 아마존닷컴 물류 서비스인 아마존 플렉스 운전기사들은 코로나19 팬데믹 이전에 시간당 28~32달러를 받았으나 이제는 18~20달러에 그치고 있다. 글로벌 프리랜서 고용 플랫폼인 업워크는 "코로나19 팬데믹이 시작된 이래 자사 웹사이트에 등록한 사람이 50% 급증했다"고 밝혔다. 긱 이코노미 관련 고객 서비스 업체 토크데스크(Talkdesk)는 "불과 10일짜리 임시직 모집에 10만 명이 지원했다"고 전했다.

그렇지만 코로나19 팬데믹이 긱 이코노미의 종말을 뜻하는 것은 아니다. 미국 CNN 방송은 이달 초 전자상거래에서 음식 배달, 원격 진료에 이르기까지 사람들의 삶에서 인터넷이 더욱 중요한 역할을 하게 되면서 코로나19 사태가 끝나고 나서 인터넷 의존도가 높은 긱 이코노미 플랫폼으로의 전환이 가속화할 수 있다고 전망했다. 그러면서 각국이 대규모 실업 대란에서 벗어나면서 사람들이 정규직 대신 다양한 형태의 긱 이코노미 일자리로 옮겨갈 것이라고 강조했다. 문제는 코로나19로 실업자가 쏟아지면서 긱 이코노미에 의존했던 근로자들은 더 많은 사람과 일자리를 놓고 경쟁하게 되어 수입이 급감하고 있다는 점이다.

03 멀티커리어리즘 시대 - 국내 동향

일하지 않는 시간에도 돈을 버는 디지털 노마드

멀리커리어리즘 시대에 인디펜던트 워커와 디지털 노마드는 별개의 개념이 아니다. 복잡한 현대에 다양한 일을 처리해야 하는 상황에서는 멀티페르소나로 분해야만 한다. 하나의 커리어로만 일하는 시대는 지났다. 최근 '부캐' 열풍이 불고 있다. '부캐'란 부(副)캐릭터의 준말로 원래 모습이 아닌 다른 캐릭터를 의미한다. 유재석이 유산슬로 시작해서 닭터유, 유두래곤, 지미유 등으로 부캐를 늘리고 있기도 하다. '본(本)캐'란 원래 '온라인 게임을 처음 시작할 때부터 키우던 캐릭터'를 말한다. 최근에는 다수의 캐릭터를 키우는 게이머들이 늘어나 '다캐릭터증후군'도 등장한다. '본캐' 하나로만 살기에는 불안한 시대이기 때문에 저마다 '부캐'를 늘리고 있는 것이다.

재능 공유 플랫폼 사용자들이 급속도로 늘고 있다. 모바일인덱스(mobileindex.com)에 따르면 크몽, 탈잉, 클래스101, 숨고 등 코로나19 확산이 시작된 이후 2~4월 '월간 순 이용자 수'가 전년 동기 대비 각각 30~100% 이상 증가하면서 거래금액도 증가세다. 피아노 레슨, 홈트레이닝 등 단순 재능 거래는 1만 원대에서 10만 원대 단위로 거래되고 있지만 IT 앱 개발 같은 전문 영역으로 넘어가면 건당 3억 원 이상 거래가 성사된 사례도 생겨나고 있다. 기존에는 성인이 된 후 영어, 요리, 악기 등을 배우려면 유명 강사를 찾기 위해서 발품을 많이 팔아야 했는데, 이제는 저렴한 금액에 배울 수 있는 플랫폼이 생긴 것이다. 재능 공유 플랫폼도 각각 다른 개성을 보이고 있다. 크몽은 블로그 디자인, 홈페이지 제작, PPT 작성 등 비즈니스 전문 노하우를 거래한다면, 숨고는 레슨, 인테리어, 꽃꽂이 등 홈서비스가 거래되고, 클래스101은 온라인 수업 노하우 서비스, 탈잉은 바쁜 직장인이나 학생들이 빠르게 자신이 배우고 싶은 수업을 딱 하루만 배울 수 있는 '1Day 수업'이 강점이다.

크몽(kmong.com)은 누적 회원 수 100만 명 이상이고 평균 만족도는 98%, 누적 거래 건수는 150만 건 이상이다. 프리랜서 전문가는 수익을, 의뢰인은 비즈니스 성공을 모토로 IT, 디자인, 마케팅 등 다양한 카테고리의 전문성을 상품화하여 거래할 수 있는 마켓으로 성장하고 있다.

숨고(soomgo.com)는 '숨은 고수'의 줄임말로 숨은 고수를 찾아주는 서비스이다. 누적 고수만 17만 명에 달하며, 누적 요청서는 1,000만

건 이상 접수되었다. '숨고'의 수강생은 주로 20~30대인데 플랫폼을 통해 글쓰기부터 꽃꽂이 등 소수로 진행되다 보니 그 목적에 맞게 커리큘럼을 진행한다.

탈잉(taling.me)은 재능을 뜻하는 '탈렌트'와 현재진행형을 뜻하는 'ing'의 합성어로 교사로 등록하기 전에 개인의 경력을 확인하고 커리큘럼에 대한 사전 점검을 실시한다. 반대로 뛰어난 재능을 가졌지만 강의 능력이 미숙한 교사들을 대상으로 커리큘럼 작성 및 마케팅 지원, 컨설팅 활동도 병행한다. 이들이 인기 강사로 발전할 수 있도록 지원하는 것이다. 탈잉도 외국어, 엑셀, 주식, VOD 서비스를 전면 확대하기로 했다.

클래스101(class101.net)은 온라인 강의 구매 시 필요한 재료를 무료 배송하고 있다. 수채화 수업을 결제하면 강의와 함께 강의에 필요한 수채화 물감, 붓 등 필요한 물품을 제공하는 온라인 수업 플랫폼이다. 클래스101은 래퍼 그레이, 마술사 최현우, 97만 유튜버 신사임당 등 유명인을 튜터로 적극 섭외했다. 클라우드 펀딩과 같은 서비스 플랫폼이 등장하면서 콘텐츠가 수익 창출로 이어질 수 있도록 자신의 실력을 키우는 사람들도 점점 많아지고 있다. 이때 시간적 제약, 공간적 제약 없이 아무 때나 수입이 발생한다. 회사를 다니면서 부업으로 하는 사람들이 늘어나고 있다.

평생직장이 끝나고 이제 평생직업에서는 생애 설계가 중요하다. 단순히 직장 생활만 하다 보면 어느새 밀려나는 세대가 된다. 자신의 생애를 멀리서 조망하기, 자신의 직업 역량 도출하기, 커리어패스 개발하기, 생애계획 수립하기, 가족, 건강관리 등 전체적으로 자신의

로드맵을 그리는 것이 중요하다. 나중에 재취업이나 퇴직 이후에 다른 일을 찾기는 어렵다. 현직에 있을 때 준비해야 한다. 이직을 할 때도 마찬가지다.

생애 설계

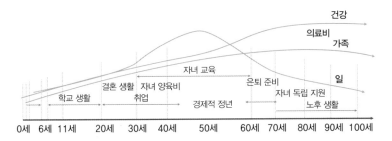

온라인 마켓 플레이스에 등록해놓으면 그 이후에는 소비자가 콘텐츠를 소비할 때마다 수입이 창출된다. 무자본으로 시작해서 바로 돈을 벌 수 있다. 서식 사이트에 자신이 쓴 레포트를 올려 푼돈을 벌었던 때도 있다. 하지만 이제 영상 시대로 넘어가고 있다. 유튜브 채널은 다른 파워를 보여준다. 유튜브에 광고가 붙는 영상 하나를 업로드했다면 전 세계의 사람들이 다양한 시간에 다양한 장소에서 영상을 시청하고, 이때마다 광고에 따른 수익이 발생한다. 예를 들어 유튜버 신사임당은 원래 PD 출신으로 자신이 부업을 했던 경험을 공유하고 있다. 네이버스토어를 운영했던 경험 노하우를 친구에게 그대로 전달하면서 만든 '창업 다마고치' 영상도 처음에는 수익이 나지 않았으나 개선하면서 오픈마켓 창업을 하는 사람들에게 널리 알려졌고 그 과정이 《지금 바로 돈 버는 기술》이라는 책으로 출간되었다. 특히 전문가들이 출연해서 진행하는 콘텐츠 조회 수가 올라가면서 구독자가 100만 명을 넘었다. 유튜버 신사임당의 스토리는 《킵고잉(KEEPGOING)》으로 출간되기도 했다. 이제 영상을 먼저 올려 인기를 얻고 이후에 책이 출간되는 것으로 흐름이 바뀌고 있다. 콘텐츠의 수요가 텍스트에서 영상으로 넘어가고 있으니 대비해야 한다.

잠자는 동안에도 소득이 늘어나는 시스템을 만들어라

인디펜던트 워커 이야기에서 빠지지 않는 것이 바로 패시브 인컴(Passive Income)이다. '패시브 인컴'이란 자산가들처럼 잠을 자는 동안에도 늘어나는 소득, 지속적이고 안정적인 수입 구조를 만드는 것을 말한다. 원래 패시브 인컴은 각종 세금 부과 원칙을 규율하기 위한 용어다. 최근에는 블로그, 유튜브를 이용한 다양한 플랫폼으로 버는 것도 패시브 인컴이라고 한다. 반대는 액티브 인컴(Active Income)으로 '내가 일한 만큼 돈을 버는 것'을 의미한다. 웬만한 자산가나 고액 연봉자가 아니라면 일한 만큼 버는 돈만으로 경제적 자유를 얻기 힘든 시대라는 판단이 잠재적으로 깔려 있다. 벌 수 있을 때 벌어야 하는 것이다.

JOB TREND
04 인디펜던트 워크 시 주의할 점 5가지

인디펜던트 워크는 일하는 방식 중 하나다. 일에 대한 재해석이기 때문에 비즈니스의 특성, 적합한 제도 도입이 수반되어야 한다. 통근 시간 절약, 사무실 임대비용 절감 등의 명분만으로 되는 것은 아니다.

인디펜던트 워커의 대부분은 소득의 불안정성, 정규직 노동자에게 주어지는 사회보장 혜택이 결여되어 있어 큰 사회적 문제를 야기할 수 있다. 특히 코로나19 사태로 인한 경제 불황의 여파로 자발적 선택이 아니라 불가피하게 인디펜던트 워커로 내몰릴 때 지금보다 훨씬 더 큰 문제로 대두될 수 있다.

1. 직업보다는 일을 중심으로 삶을 재편하라

퇴사하고 집에서 일하면 쓸데없는 데 시간을 낭비할 수 있다. 직업보다 일 중심으로 새로운 관점에서 일과 삶을 재편해야 한다.

2. 스토리 싱킹으로 이야기를 발굴하라

자신의 일을 시작하면서 가장 먼저 해야 할 것이 바로 스토리 싱킹(Story-thinking)이다. 창업자본은 적게 들어가지만 그만큼 콘텐츠가 탄탄해야 살아남을 수 있다. 좋은 콘텐츠를 발굴하는 가장 좋은 방법은 나만의 이야기를 뒤지는 것이다. 알바 이야기부터 회사에서 상장을 받았던 추억까지 떠오를 것이다. 내가 뽑는 사람이라면 어떤 이야기를 살 것인지 궁리하라. 이야기로 생각하면 내 삶이 술술 풀리기 시작한다.

3. 뼛속까지 디지털 기술로 무장하라

어설프게 디지털 기술을 사용하면 오히려 사용하지 못한 것보다 못하다. 내 뼛속까지 디지털 기술이 스며들어야 한다. 진짜 인디펜던트 워커가 되고 싶다면 뼛속까지 디지털 기술을 배워서 완전히 몸에 배도록 하라. 영상 편집을 조금 못해도 되니 남에게 맡기지 말아야 한다. 내가 디지털 기술을 알아야 디지털 역량이 생겨서 차후에 디지털 노마드가 될 수 있다.

4. 무조건 독자생존을 모색하라

조직에 있을 때는 묻어가도 크게 티가 나지 않는다. 하지만 밖에 나오면 달라진다. 유튜브에서 해결되지 않는 정보가 더 많다. 숨겨진 지혜를 읽고 내 것으로 만들어서 독자생존(讀者生存)을 해야 한다. 예스24, 교보문고, 알라딘 등 인터넷이나 모바일로 어디서든 책을 구매할 수 있다. 비대면 시대에 가장 중요한 것이 독자생존이다.

5. 내 칼을 날카롭게 다듬는 것을 소홀히 하지 마라

독립을 결심한다는 것은 비로소 홀로서기를 하는 것이다. 나만의 철학, 강철검, 현금총알 등 구비할 것도 많다. 탁월한 '칼'을 위해서 매일 갈아야 한다. 직장에서 높은 연봉을 받고 싶은가? 그러면 자신만의 무기인 칼이 있어야 한다. 남들과 싸워서 이길 수 있는 '강철검'이 있어야 한다는 말이다. '강철검'은 절대로 한 번에 만들어지지 않는다. 여러 번의 담금질을 통해서 세상에 나온다. 방패보다 칼에 더욱더 신경 써야 한다. 피터 드러커는 "자신의 약점을 보완해봐야 평균밖에 되지 않는다. 차라리 그 시간에 자신의 강점을 발견해 이를 특화해나가는 편이 21세기를 살아가는 방법이다"라고 말한다. 수동적인 방패보다 적극적인 칼이 좋은 결과를 얻을 수 있다.

참고문헌

· 정다은, 〈"나는 업글인간"… 재능공유 플랫폼에 모이는 2030〉, 이데일리 2020. 9. 3.

· 김회승, 〈[유레카] 패시브 인컴〉, 2020. 7. 13.

· 김미경, 《김미경의 리부트》, 웅진지식하우스, 2020.

· 군둘라 엥리슈, ≪잡노마드 사회≫, 문예출판사, 2016.

· 자크 아탈리, ≪호모 노마드 유목하는 인간≫, 웅진지식하우스, 2005.

· 팀 페리스, 《나는 4시간만 일한다》, 다른상상, 2017.

· 피터 F. 드러커, 《프로페셔널의 조건》, 청림출판, 2001

· 〈Independent work: Choice, necessity, and the gig economy〉, McKinsey Global Institute, 2016. 10. 10.

· https://www.forbes.com/sites/larissafaw/2012/07/19/how-millennials-are-redefining-their-careers-as-hustlers/#37194c4d28df

젠지 세대

디지털 네이티브의
채용시장 등장

종업원들은 부분적으로는 돈을 벌기 위해 일합니다. 하지만 우리는 그들이 가치 있는 일을 성취하고 있다고 느끼기 때문에 일을 하고 있다는 사실도 깨달아야 합니다. 우리의 첫 번째 의무는 그들이 가치 있는 일을 하고 있다는 것을 알리는 것입니다. 명령만 해서는 안 됩니다.

– 데이비드 패커드

JOB TREND
01 디지털 네이티브가 신입사원으로 들어온다

"제가 그것을 왜 해야 하죠?"

"쟤, 신입사원 맞아?"

젠지(Gten.Z)는 Z세대의 애칭이다. 이제 당돌한 Z세대가 본격적으로 신입사원으로 진입하고 있다. 금융위기 시기에 등장한 '밀레니얼 세대'처럼 코로나19 시기에는 Z세대가 회사에 로그인한다. '디지털 네이티브'로 불리는 그들은 디지털 환경에 가장 잘 적응한 집단이다. 밀레니얼 이전 세대보다 더 직접적으로 질문한다는 점에서 놀랍다. Z세대 신입사원에게 "회사에 대해 궁금하거나 알고 싶은 것이 있나요?"라고 물으면 "제가 이 회사에서 무엇을 배울 수 있습니까?"라고 당돌하게 되묻는 경우가 많다. 이들은 이전의 밀레니얼 세대와도 다르다. 밀레니얼 세대는 금융위기 시기에 대학을 다니면서 학자금 대출을 받았다. 이후 10년에 걸쳐 갚으니 바로 코로나19 후폭풍이 불었다. 〈월스트리트저널〉에 따르면 밀레니얼 세대가 20대 때 벌어들인 소득은 X세대가 20대였을 때보다 40%나 줄었다. Z세대는 밀레니얼 세대보다 더 힘들다.

'자기가 생각하는 나'와 '타인이 바라보는 나'가 다르다

코리 시밀러(Corey Seemiller)와 메간 그레이스(Meghan Grace)가 2014년 공동 집필한 《Z세대가 대학교를 가다(Generation Z Goes to College)》에 따르면 Z세대 학생들은 스스로를 어떤 사람으로 판단하느냐는 질문에 "사려 깊고 열린 마음을 가지고 있으며, 통찰력이 있고 책임감이 있으며, 결단력이 있는 사람이라고 느끼고 있다"고 전했다. 하지만 Z세대가 같은 세대의 타인을 바라보는 관점은 이와 다른 결과를 보였는데, Z세대는 보통 같은 나이 또래의 타인에 대해 '경쟁적이고 즉흥적이며 호기심이 왕성하다'고 대답했다.

이제 Z세대는 신입사원이 되려는 시기에 코로나19로 가장 심한 경제적 타격을 받게 될 것이라는 연구 결과가 나왔다. 미국 퓨리서치센터(Pew Research Center)는 코로나19에 의해 즉각적인 타격을 받을 수밖에 없는 소매업 분야 미국 근로자가 전체 약 4분의 1이라면, 16세에서 24세 사이가 거의 절반 정도 집중되어 있다고 발표했다. 이 중 24%가 코로나19 이후 문을 닫을지도 모르는 고위험 산업 분야에 종사한다. Z세대가 많이 종사하는 서비스업, 여행업, 소매업 등이 코로나19로 인해 가장 많이 폐업하는 업종이기 때문이다. 국제노동기구는 최근 세계 노동시장 동향 보고서에서 현 청년층을 다른 연령대에 비해 고용이 불안정할 뿐만 아니라 학업이나 직업훈련의 중단 등으로 인해 큰 타격을 입게 되는 '봉쇄 세대(Lockdown Generation)'라고 부르기도 한다. 이런 세대가 본격적으로 신입사원으로 들어오는 상황에서 그들을 어떻게 맞이해야 하는가?

거리낌 없이 자신의 의견을 말하는 Z세대

변화하는 세상의 패러다임과 가능성을 가장 먼저 수용하는 것은 새로운 세대이다. Z세대를 이해하기 위해서는 우선 그들이 어떤 환경에서 자라왔는지 살펴봐야 한다. Z세대는 디지털 학습도가 높은 X세대의 자녀 세대로 금융위기 전후에 태어나 대학 졸업을 목전에 두고 코로나19로 인해 극심한 취업난에 시달리고 있다. 사회생활을 시작할 때의 경험은 오랜 시간 동안 영향을 준다. 기성세대가 휴지 하나 아끼는 습관이 몸에 배었던 것처럼 Z세대는 개인주의, 다양성 추구, 일과 삶의 균형 중시 등 부모 세대의 자유로운 가치관을 물려받았다. 사회 초년생인 Z세대는 코로나19가 남긴 흔적을 평생 안고 살아갈 전망이다.

채용 트렌드에서 가장 큰 변화는 바로 디지털 혁명이다. Z세대는 '디지털 주(Digital Zoo)'에서 태어났다. 필자가 명명한 '디지털 주'는 독립된 공간을 중요시하면서 상상의 나래를 펴는 디지털 공간이다. '디지털 네이티브(Digital Native)'란 미국의 교육학자 마크 프렌스키(Marc Prensky)가 2001년 자신의 논문 〈디지털 네이티브, 디지털 이민자(Digital Native, Digital Immigrants)〉에서 처음 사용한 용어이다. 1980년대 개인용 컴퓨터의 대중화, 1990년대 휴대전화와 인터넷의 확산에

Z세대와 다른 세대의 차이

	Y세대	Z세대	알파 세대
다른 명칭	밀레니얼 세대	디지털 네이티브	아이패드 세대
출생 시기	1981~1996년생	1997~2009년생	2010 ~2025년생
사회 지향	경험 중시	다양성 중시	유연성 중시
상징 도구	스마트폰, 태블릿	유튜브, 사물인터넷	브이로그, 인공지능
세대 특징	베이비붐 세대의 자녀 세대. 소유보다 경험과 공유에 가치를 둔 향후 경제 소비 중심세력	X세대의 자녀 세대, 부모의 소비 영향력을 행사하고, 텍스트보다 동영상에 익숙한 디지털 환경 진보 세대	Z세대보다 유연하고 적응력이 좋은 하이테크 라이프스타일 혜택을 가장 크게 누릴 잠재적 세대
소비 성향	경험 추구 페스티벌 주력 상품	독특함 무한정 도덕적	유연성 적응성 투명성

따른 디지털 혁명기 한복판에서 성장기를 보낸 세대를 지칭한다. 이들에게는 인스턴트 메신저 세대, 디지털 키드 등 다양한 별명이 있지만, 디지털 언어와 장비를 마치 특정 언어의 원어민처럼 자유자재로 구사한다는 측면에서 '디지털 원주민'이라는 말이 가장 적합하다. '디지털 네이티브'와 유사한 개념으로는 미국의 톱 블로거 조시 스피어(Josh Spear)가 제시한 디지털로 태어난 세대라는 뜻의 '본 디지털(Born Digital)'이 있다. 돈 탭스콧(Don Tapscott)은 《디지털 네이티브》에서 '넷 세대(Net Generation)'라 칭하며, '디지털 네이티브 세대'를 '디지털 기술을 통해 자기만의 세계를 창조하는 역사상 가장 똑똑한 세대'로 표현했다. 그들은 국가 장벽과 상관없이 온라인이란 공간에서 소통하며,

해외 유통이 자유로워진 현재의 인프라를 활용하여 다양한 정보를 습득한 후, 스마트한 소비 문화를 이끌어가는 주체자이기도 하다. 디지털 네이티브는 기성세대와 다르게 브랜드나 명성에 좌우되지 않고 소비하는 최초의 세대다. Z세대를 지칭하는 다른 말로는 젠지(Gen. Z), 아이제너레이션(iGeneration), 포스트밀레니얼(Post-Millennials), 홈랜드 세대(Homeland Generation) 등이 있다.

디지털 네이티브와 대비되는 개념으로는 후천적으로 디지털 기술에 적응한 30대 이상의 기성세대를 일컫는 '디지털 이민자(Digital Immigrants)'가 있다. 디지털 이민자들은 외국어를 구사할 때 모국어의 억양이 남아 있는 것처럼 디지털 시대 이전의 흔적이 남아 있다. 실제로 디지털 네이티브와 디지털 이민자는 디지털 언어의 습득 및 활용에서 많은 차이를 보인다. 결국 호랑이를 만나기 위해서는 호랑이 굴에 들어가야 하듯이 디지털 네이티브를 만나기 위해서는 디지털 주에 들어가야 한다.

JOB TREND

02 Z세대의 채용 전략 - 세계 동향

세계적인 기업들은 젠지를 안착시키기 위해 고민한다

Z세대는 기성세대와 다르게 누가 시켜서 일을 하는 것이 아니라 왜 해야 하는지 묻는다. 기업은 Z세대가 자신들의 기술과 경험을 적절히 활용하면서 각자의 관심과 능력에 맞는 업무를 할 수 있는 환경을 만들어야 한다. 퓨처캐스트 제프 프롬(Jeff Fromm) 대표는 Z세대에

대해 "생각보다 굉장히 성실한 세대이며 기성세대보다 좀 더 개인화되고 맞춤화된 커리어패스와 기회를 제공할 필요가 있다"고 말한다. 이를 통해 Z세대의 조직에 대한 적응력을 높일 수 있다.

과거의 인사 관리 시스템으로 Z세대의 인재를 관리한다는 것은 불가능하다. 이제는 Z세대를 사로잡을 수 있는 HR 시스템을 가져야 그들을 안착시킬 수 있다. 기업은 조직원 한 명을 채용하기 위해 많은 자원을 투입한다. 채용 공고, 지원자 선발, 면접 진행, 의사 결정 등 채용 과정에는 많은 시간이 소요될 뿐만 아니라 인사팀을 포함한 현업 부서 직원들와 임원이 동원된다. 실제로 미국 인적자원관리협회(SHRM)의 조사에 따르면, 직원 한 명을 채용하는 데 평균 4,129달러(약 440만 원)에 기간은 무려 42일이 소요된다고 한다.

Z세대를 안착시키기 위해서 온보딩으로 궁합을 맞춰본다

링크트인(Linkedin.com)의 신규 입사자들은 입사 첫날 기존 팀원들과 아이스브레이킹을 하고 회사의 문화에 대해 배운다. 신규 입사자들은 포스트잇에 자신의 이름을 적고, 전문성을 표현할 수 있는 제목과 흥미로운 사실들을 적어 공유한다. 그리고 사무실 투어를 하고 사내 복지 프로그램에 대한 오리엔테이션을 한다. 이후 임원과의 대화를 마치고, 필요한 프로그램이 설치된 노트북과 배낭을 받는다. 이때부터 신입사원의 온보딩은 90일 동안 새로운 역할에 적응하고 생산성을 높이기 위해 주별로 가이드를 받는 것이다. 이를 통해 신규 입사자들은 앞으로 90일 동안 어떤 것을 하게 될지 로드맵을 알 수 있다. 이 플랜을 잘 따라가면 기본적인 복리후생, 사규, 정보들을 파악할 수 있고, 초기에 신규 입사자들이 조직의 시스템과 규칙을 학습하는 비용을 줄일 수 있다. 취향이 뚜렷한 Z세대는 남을 따라 하는 삶을 지양하기에 기존의 회사 브랜드 파워만으로 충성을 강요하기는 어렵다. 링크트인은 2016년에 MS에 인수되면서 HR 데이터 분석 역량을 강화해나가고 있다.

자포스(Zappos)는 채용이 확정된 Z세대 지원자들에 대해 4주간의 훈련과 2주간의 고객 응대를 통해 고객 서비스가 곧 회사가 존재하는 이유의 전부임을 깨닫게 한다. CEO 토니 셰이(Tony Hsieh)는 온보딩의 의미를 이렇게 말한다. "원래의 동기는 직원들이 단기 급여 이상의 이유로 그곳에 있는지 확인하는 것이었습니다. 그리고 주말에 회사에 대해 생각하고 친구 및 가족과 이야기한 후에 내가 정말로 헌신할 수 있는 회사인가? 내가 오랫동안 믿고 있는 회사인가? 고민한 후에 월요일에 출근했을 때 그들은 회사에 대해 훨씬 더 헌신적이고 열정적으로 변해있었습니다." 특이한 점은 회사가 훈련 기간 중 그만두는 직원에게는 급여와 함께 2,000달러를 추가로 지급해 돌려보내는 것이다. 이는 회사의 장기 비전과 기업문화를 경험한 신입 입사자들이 진정으로 자포스의 일원이 되기를 바라는지 스스로 생각해봄으로써 회사가 자신에게 맞지 않다고 생각하는 직원들은 하루라도 빨리 회사를 그만두는 것이 서로에게 더 좋은 결과를 가져온다고 믿기 때문이다. 온보딩을 통해서 Z세대와 궁합을 맞춰보는 것이다.

페이스북은 신입 엔지니어를 대상으로 6주간의 부트캠프를 운영한다. 이들은 입사 첫날부터 강도 높은 실무를 수행한다. 이들의 업무는 실제로 페이스북 운영에 반영되기 때문에 신입사원 한 명당 선임 엔지니어가 멘토로 배정되어 업무를 점검하고, 부트캠프 동안 내부 엔지니어들의 우수 기법 등이 전수된다. 페이스북은 Z세대의 새로운 아이디어를 반영하면서 그들의 직무적합도를 알아보고, 팀과 잘 적응할 수 있도록 내부 네크워크를 형성할 수 있는 기회를 제공하며 결속력을 높인다.

Z세대가 업무에서 이탈하지 않고 프로세스를 구현하는 것이 매우 중요하다. Z세대에게 최고의 동기부여는 '너희가 하고 싶은 일을 여기서 하면 된다'는 것이다. 특히 Z세대에게는 소모품으로 쓰이고 있다는 느낌이 들게 해서는 안 된다. 물론 입사하자마자 중요한 일을 맡을 수는 없고, 늘 하고 싶은 일만 할 수는 없다. 하지만 Z세대 직원이 현재 맡은 업무를 그가 앞으로 '하고 싶어 하는 일'과 연결되도록 돕고, 어떤 일을 하는 이유를 상세하게 설명해주는 것이 중요하다. 무조건 하라고 명령하는 것이 아니라 업무를 왜 해야 하는지를 이해시키는 방향으로 리드한다면 Z세대는 자신의 역량을 발휘할 것이다.

Z세대가 밀레니얼 세대와 큰 차이점은 브랜드를 추구하기보다 실속을 차린다는 것이다. 액센츄어 조사 결과에 따르면 "주로 이용하는 의류 브랜드가 있냐"는 질문에 밀레니얼 세대의 31%가 '그렇다'고 답한 반면 Z세대는 16%만이 '그렇다'고 답했다. 더 이상 브랜드 파워가 중요하지 않다는 의미다. 기능성이나 가성비 등 매력을 갖추면 신생 브랜드도 다양한 기회를 잡을 수 있다.

Z세대는 문제를 느끼면 눈치를 보지 않고 즉시 '이런 문제가 있다'고 말하는 세대다. 기업의 입장에서는 답을 찾을 좋은 기회다. Z세대의 가장 큰 특징은 거리낌 없이 질문한다는 것이다. 주저하지 않고

제기하는 불만의 목소리를 잘 들으면 문제점을 해결할 수도 있다. Z세대의 대화 속에 조직의 문제점과 개선 방안이 모두 들어 있다.

03 Z세대의 채용 전략 - 국내 동향

Z세대가 HR 시장의 새로운 화두로 떠오른다

인재란 단기적 관점에서는 비즈니스 성패를 좌우하고, 장기적 관점에서는 기업의 미래를 결정하는 중요한 요소이다. 업무가 바쁘다 보면 오리엔테이션 프로그램을 미루는 경우가 꽤 있다. 공채일 경우에는 단체 오리엔테이션 프로그램을 한꺼번에 진행하였으나 수시채용은 개별로 진행하는 데 어려움이 있다.

카카오페이는 2017년 4월부터 매월 '온보딩 프로그램'을 운영 중이다. 카카오페이에 새로 입사한 직원들이 회사 조직과 분위기, 업무 등에 빠르게 적응하기 위한 일종의 '신입생 환영' 프로그램이다. 대표부터 경영진 전원과 서비스 및 보안 담당 실무자 등 18명이 돌아가면서 직접 강연자로 나서서 회사의 비전 등에 관해 설명한다. 입사 첫날 신규 입사자들에게 카카오페이의 개성이 드러나는 '온보딩 키트(on boarding kit)'를 나누어 준다. 키트 속에는 펜과 머그잔 같은 실용적인 선물과 책상용 이름표 등이 들어 있다. 카카오페이의 고유색(노란색)과 브랜드 아이덴티티 등을 담아 디자인한 온보딩 키트는 독일 iF 디자인 어워드의 커뮤니케이션 부문에서 수상하기도 했다.

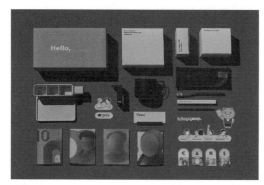

카카오페이 온보딩 키트

젠지의 마음을 사로잡는 아이템

채용시장에서 토스(Toss)의 인지도가 높아진 이유는 토스피드 (https://blog.toss.im)에 있다. 토스피드에 토스팀에서 일하는 이야기들이 콘텐츠로 자세하게 소개되면서 고용 브랜드가 올라간 것이다. 채용에 대한 오해나 루머에 정면 돌파하는 재미있는 콘텐츠들을 만들기도 했다. 이렇게 커뮤니케이션팀과의 긴밀한 협업 과정을 통해 토스를 바라보는 인식을 하나씩 개선할 수 있었다. 게다가 '에코 시스템(Eco System)'으로 10일 이내 단기간 인재 영입 프로세스 가동 및 온보딩 지원이 가능하다. 입사 첫날 '우리는 역사를 만들기 위해 여기에 왔다(We're here to make history)'는 문구가 적힌 '웰컴 백(Welcome Bag)'을 제공하고, 토스 로고가 새겨진 문구용품, 칫솔, 안마봉 등 입사 선물을 제공한다. 그리고 회사 대표가 해당 월에 입사한 직원들을 대상으로 매달 한 번 '토스의 존재 이유', '일하는 방식', '조직문화' 등 6시간에 걸친 토론과 강의를 실시한다. 또한 팀 목표·전략, 제도, 핵심가치 등 입사 직원에게 30가지 미션을 이메일로 송부해 '자

토스 제공 물품

기 주도 학습 및 실천'을 수행할 수 있도록 한다.

젊은 층에서 인기 있는 MBTI 유형은 일종의 자기소개서처럼 쓰인다. LS그룹은 MBTI 성격 검사를 통해 지원자의 성향을 확인한다. MBTI 성향을 기반으로 기존 자소서와 비교해서 필터링될 수 있으니 최대한 자신의 성향을 고려해서 선택하거나 자소서 작성 시 나온 결과를 반영해서 단어 선택에 신경 쓰는 것이 좋다.

LG유플러스는 Z세대를 타깃으로 한 SNS 공식 채널 '플'을 운영하며 Z세대의 관심사를 주제로 자유롭게 소통하는 '플뜯어먹는소리' 캠페인을 진행했다. '플'은 LG유플러스가 Z세대와 자유롭게 소통하기 위해 만든 디지털 채널 전용 '부캐(부 캐릭터)'이다. '본캐(본 캐릭터)'인 LG유플러스의 정체를 숨기고 유튜브 티징 광고 5편, 인스타그램 채널(@pl.official_)을 공개했다. 인스타그램 DM을 통한 문의가 급증하며 4,000건이 넘는 SNS 고객 반응을 양산했고, 국내 검색 포털사이트의 '플' 검색량은 3,600% 폭증했다. "플이 뭔지 안 알려주면 끝나고 집에 찾아가겠다" 등의 댓글이 달렸다. '신비주의' 콘셉트로 의심과 호기심에 적극적 행동을 보이는 Z세대의 호응을 얻은 결과다. Z세대가 인스타그램에서 '플뜯어먹는소리' 영상 주제에 대한 의견을 지정된 해시태그와 함께 남기면 데이터를 수집, 인포그래픽으로 제작한다. 완성된 Z세대의 생각은 '플대나무숲' 홈페이지에 실시간 업데이트된다. 예상 불가함, 끊임없는 의심, 호기심 등 톡톡 튀는 Z세대와 공감하는 채널이 될 예정이다.

Z세대에게는 첫인상이 중요하다

국내 기업도 이제 온보딩을 통해 채용 프로세스의 마지막 단계를 수행하고 있다. 신입사원이 잘 안착할 수 있도록 도와주는 환경이 중요하다. 실제로 한 조사에 따르면 구조화된 온보딩 프로그램을 거친 신입사원은 3년 후 조직에 남아 있을 가능성이 58% 더 높았다.

이제 할 말 다 하는 '소피커'가 기업에 등장한다. '소피커'란 '所(바 소)와 'Speaker'의 합성어로 아무리 사소한 것이라도 불편한 것에 소신을 나타내는 세대를 가리키는 단어다. '플렉스(flex, '과시한다'는 뜻의 Z세대 은어)'는 요즘 Z세대를 잘 반영한 유행어다. 이들은 온라인 쇼핑으로 '깨알같이' 가격, 품질을 비교해가며 가성비를 따지지만 자신을 과시할 수 있는 명품 브랜드는 척척 지른다. 글로벌 컨설팅 기업 맥킨지가 한국의 2,576명을 포함한 아시아 6개국 1만 6,000명의 Z세대, 밀레니얼 세대, X세대(1965~1979년생)를 비교한 결과 Z세대는 2025년 기준 한국 인구의 11%를 차지할 것으로 추정했다. 현재 중·고등학생, 대학생이 주축인 Z세대의 스마트폰 보유율은 무려 98%에 이른다. 이들은 하루 6시간 동안 스마트폰을 들여다본다. 한국 Z세대의 또 다른 특징은 '가치 소비'다. 한국 Z세대는 윤리적 소비를 한다는 비율이 26%로 아시아 6개국 평균(20%)보다 높았다. 환경 등 각종 가치 문제에 민감하게 반응하고 자신의 가치관과 맞는 기업 혹은 제품을 선택하는 이들이 많다는 의미다. 최근 소셜미디어에서 일어난 반일 불매, 'BLM(흑인의 목숨도 소중하다)' 해시태그 운동에 1020세대 다수가 참여한 것도 이를 단적으로 보여준다. Z세대는 기성세대의 말을 잘 믿지 않고 검색으로 철저하게 검증한다.

Z세대는 멀티태스킹에 능하다

Z세대는 멀티태스킹으로 다양한 일을 처리한다. 미국 스탠퍼드 대학교 자료에 의하면 디지털 네이티브에 해당하는 현재 미국 대졸자들은 살아오면서 50만 개 이상의 광고를 시청했는데, 20만 개 이상의 이메일과 인스턴트 메시지를 주고받았다고 한다. 휴대전화, 문자 메시지와 인스턴트 메신저 등을 통해 언제나 자신이 원하는 때에 상대방과 의사소통을 하기 때문에 신속하게 반응하고 즉각적인 피드백에도 능숙함을 보인다. 디지털 네이티브는 성장 과정에 의해 멀티태스킹, 병렬처리(Parallel Processing)와 같이 엄청난 양의 정보 속에서도 다양한 일을 동시에 처리할 수 있다. 밀레니얼 세대가 2개의 화면을 동시에 다루고 12초의 집중력을 갖고 있었다면 Z세대는 5개의 화면을 동시에 다루면서 8초 정도의 집중력을 가진다. Z세대의 스마트폰 사용은 단순한 '딴짓'이라기보다 회의와 관련한 내용을 검색하거나 메모하는 멀티태스킹인 경우가 많다. Z세대를 이해하기 위해서는 우선 그들의 행동을 살펴보고 그 배경을 알아야 한다.

도전적이고 재미를 쫓는 참여배우, 젠지

Z세대는 그냥 듣고 있는 청중보다 적극적으로 참여하는 배우가 되길 원한다. 특히 정보를 제공할 때 불필요한 리소스를 못 견딘다. 그들은 TV 시청에 2만 시간 이상, 휴대폰 사용에 1만 시간 이상, 비디오게임을 즐기는 데 1만 시간 이상을 보내며 성장했다. 한마디로 이들의 성장 환경은 기성세대와 완전히 다른 것이다. 이러한 성장 환경의 차이는 디지털 네이티브의 두뇌 구조를 기성세대와는 다르게 만들었다. 미국 캘리포니아 대학교 신경과학자 게리 스몰의 《디지털 시대의 뇌(Brain)》에 의하면 의사 결정과 복잡한 정보 통합에 간여하는 '배외측(背外側) 전전두엽(前前頭葉)'이라는 뇌의 부위가 크게 발달되어 있다. Z세대는 디지털 공간에서도 적극적으로 자신을 드러내고 의견을 주고받는 것에 주저하지 않는다. 그들은 '놀 때 놀고, 일할 때 열심히 일하자'는 이분법적 구분을 넘어서 일상 자체를 놀이나 게임처럼 인식하여 지루하고 따분한 일보다는 도전적이고 재미있을 때 훨씬 더 적극적으로 몰입하는 특성을 보인다. '리모트 워크'로 통합되어가는 과정으로 일의 방식과 그에 따른 가치관이 변화하고 있는 것이다.

지금 기업은 X세대, 밀레니얼 세대, Z세대 등이 혼재되어 있다. 이들 세대는 물과 기름처럼 섞이기 힘들어서 세대 간 갈등을 야기하고 있다. 소통 채널도 서로 다르고, 코로나로 더욱더 갈등이 커지는 형국이다. 점차 기성세대와 다른 신인류가 기업에 들어와서 어떻게 온보딩을 할 수 있는가가 중요하다. 조직을 위해서는 기성세대의 관점에서 벗어나 Z세대를 이해하고 그들이 조직에 안착할 수 있도록 더 적극적으로 환경을 조성해야 한다. Z세대 다음은 알파 세대이다. 알파 세대(Alpha Generation)는 2010년 출시된 아이패드와 공교롭게도 함께 태어났다. 브이로그, 인공지능 등으로 상징되며, 유연하고 적응력이 좋은 '하이테크 라이프스타일' 혜택을 가장 크게 누릴 잠재적 세대이다. X세대에서 알파 세대에 이르기까지 우리는 대규모 집단에서 더 작게 해체되고 완전히 이질적인 소규모 집단으로 이동하고 있다. 이제 세대별로 각각 집단이 점점 더 쪼개지고 작아지는 것이다.

04 Z세대 채용 시 주의해야 할 5가지

Z세대를 위한 채용 전략이 바뀌어야 한다. 이제 학벌, 자격증, 인맥 등의 기준보다 실력이 중요하다. 특히 디지털 기기를 통해 데이터를 해석하고 활용하는 '디지털 리터러시(Digital literacy)' 역량을 보유한 Z세대가 주도할 전망이다. 부정적인 댓글을 보고, 사이버 불링(cyber bullying, 온라인상에서 특정 인물을 괴롭히거나 따돌리는 행위)을 접하고, 소셜 미디어에서 남과 비교하는 것에 익숙한 세대다. 이들 Z세대가 중요하게 인식하고 있는 특징이 반영되어야 한다.

1. Z세대는 디지털 컬처로 뽑아야 한다

Z세대는 디지털 이주민인 부모를 둔 디지털 원주민(Digital Native)이다. Z세대는 태어나서부터 스마트폰을 손에서 놓은 적이 없다. IBM의 기업가치연구소에 따르면 Z세대의 54%가 첫 휴대전화로 스마트

폰을 사용했을 정도로 디지털 기기와 모바일 기기에 익숙하다. 자라면서 디지털 문화를 접한 이전 세대와 달리 디지털 시대에 태어나 아날로그 문화를 아예 접하지 못했다. 밀레니얼 세대가 디지털에 익숙한 세대라면 Z세대는 디지털로 태어난 세대다. 이들을 채용할 때도 아날로그에서 디지털로 접근해야 하는 것이다.

2. Z세대는 노트북보다 스마트폰으로 SNS 소통을 한다

Z세대는 노트북 대신 스마트폰만으로도 필요한 업무를 소화해낼 수 있을 만큼 디지털 기기에 익숙하다. 이들을 굳이 사무실에만 앉혀 둘 필요가 없는 이유다. Z세대는 모르면 물어보고, 그 자리에서 스마트폰으로 검색하고, 이상한 건 이상하다고 바로 말한다. 온종일 온라인에 연결된 세대답게 다양한 SNS를 두루 사용한다. 매경이코노미 · 오픈서베이 설문 조사에 따르면 '주로 이용하는 SNS가 무엇이냐'(복수 응답 허용)는 질문에 유튜브(79%), 인스타그램(60%), 페이스북(57%) 모두 절반을 넘겼다. 이제는 한물간 SNS로 여겨지는 트위터 이용률도 Z세대는 20%나 된다. 이른바 '셀플루언서(Self+Influencer)' 성향이 강하다.

3. Z세대는 팩트와 소비자 리뷰를 신뢰한다

광고보다 팩트, 소비자 리뷰, 가치 소비 등을 신뢰하는 Z세대는 배달사원의 감동 서비스인 손편지, 초콜릿 선물, 사진 첨부 메시지 등 좋은 리뷰가 올라온 기업의 물류 서비스를 직접 지정하고, 갑질, 성차별, 환경 이슈, 지옥 알바, 산재사고, 화재사고 등 나쁜 리뷰가 올라온 물류 서비스는 기피하거나 적극적인 불매운동도 불사한다. 따라서 고객을 배려한 복장과 여성 배달 등 디테일하고 진정성 있는 서비스가 Z세대의 공감을 불러올 것이다.

4. Z세대는 워라밸보다 야근을 하더라도 보상을 많이 줘야 한다

Z세대 신입사원들은 퇴근 시간이 지켜지지 않더라도 제대로 보상 받기를 기대한다. 애초에 이들은 근무 시간과 사생활을 뚜렷하게 구분하지 않는다. '워라밸'이란 개념도 밀레니얼 세대에게나 통하는 말이다. Z세대는 보상만 충분히 받을 수 있다면 야근도 서슴지 않는다. 사무실에 얽매이지 않으며 리모트 워크에도 익숙하다. Z세대는 청소년기 때부터 간단한 스트리밍, 동영상 촬영, 게임 혹은 소셜네트워크상에서의 이런저런 활동으로 돈을 벌고 경제활동을 해봤기 때문에 리모트 워크에 익숙하다.

5. Z세대는 비접촉에 익숙하기 때문에 언택트 채용을 선호한다

IBM의 연구에 따르면 소비자의 40%가 앞으로 비접촉식 결제를 사용할 것이다. 비접촉식 결제뿐 아니라 휴대폰 또는 기타 모바일 장치를 통해 즉시 결제할 수 있는 서비스를 제공하는 기업들은 지갑을 사용하길 원치 않는 Z세대에게 적합한 파트너가 될 것이다.

조직을 떠날 때의 태도는 밀레니얼 세대와 조금 다르다. Z세대는 문제를 느끼면 즉시 말하기 때문이다. 밀레니얼 세대는 회사를 들어오면 어쨌든 적응하는 시늉이라도 하다가 3년쯤 지나면 조직을 떠난다. 밀레니얼 세대가 퇴사 이유를 분명히 밝히지 않는 경우가 많다면, Z세대는 조직의 어떤 점이 마음에 들지 않았고 왜 이 조직을 떠나는지를 명확하게 말한다. 게다가 Z세대는 조직이 마음에 들지 않으면 아예 1년도 채우지 않고 바로 떠난다. Z세대는 자기 색깔이 강하고 자신을 적극적으로 표현하며 '개취 존중(개인 취향 존중)'을 넘어서 '싫존주의(싫음도 존중)'를 추구한다. Z세대 지원자의 성향을 잘 파악할수록 채용의 결과가 달라질 수 있다. 깨어 있는 기업들은 기존에 해왔던 방식에서 벗어나 Z세대의 특성을 반영한 채용 방식으로 바꿀 전망이다.

참고문헌

· 이수기, 〈한달에 30명씩 직원 느는 판교 기업의 고민…류영준 카카오페이 대표의 신입직원 환영식〉, 중앙일보, 2019. 6. 24

· 이수빈, 〈Z세대는 코로나19 경제적 타격이 가장 큰 세대〉, 아세안데일리뉴스, 2020. 7. 10.

· 이인식, 〈[이인식의 멋진 과학] 뇌가 바뀌고 있다〉, 조선일보, 2008. 11. 8.

· 이지원, 〈미래권력 Z세대 "앞머리에 헤어롤이요? 개취죠!"〉, 더스쿠프, 2018. 9. 21.

· 정다운, 〈설문으로 본 Z세대−유튜버 5명 구독 기본…뉴스도 SNS로 온라인 쇼핑 즐기고 편의점 수시 이용, 매일경제, 2019. 6. 14.

· 정민하, 〈채용설명회서 치맥하고, 자소서엔 MBTI 묻고…MZ세대 '맞춤' 채용공고 쏟아진다〉, 조선비즈, 2020. 10. 9.

· 최지은, 〈다가오는 새로운 소비자, Z세대〉, 한국패션산업협회, 2016. 10. 11.

· 황병우, 〈LG유플러스, Z세대 전용 소통 프로젝트 '플' 전격 공개〉, 파이낸셜신문, 2020. 8. 19.

· 제프 프롬 · 앤지 리드, ≪최강소비권력 Z세대가 온다≫, 홍익출판사, 2018.

헬릭스 경영

애자일의
새판 짜기

경험 많은 목수는 절대로 실수하지 않는다는 인상을 받을지
모른다. 단언컨대 사실이 아니다. 프로는 그저 자신의 실수
를 어떻게 만회할지 알 뿐이다.
- 제프 밀러

01 비대면 시대에는 일하는 방식이 가속화한다

"요즘 애자일이 화젯거리인데, 우리 조직에도 적용해볼까?"

위기는 기회이기도 하다. 코로나19 이후 기업들은 전 세계적 지각 변동에 맞춰 발 빠르게 신시장을 선점하기 위해 '애자일 경영(Agile management)'을 도입하고 있다. 디지털 트랜스포메이션으로 산업 간의 경계가 무너지면서 비즈니스의 불확실성이 한층 높아지고 있기 때문이다. 지금까지 한 번도 본 적 없는 현상들이 일상화되는 뉴노멀(New Normal) 시대가 오고 있다. 규격화, 정형화된 대량생산 방식 시대에 유효했던 계층 중심의 조직 운영 전략은 더 이상 실효성이 없다. 이제 민첩하게 변화에 대응하는 큰 그림이 필요한 시점이다.

왜 애자일 경영에서 헬릭스 경영으로 바뀌고 있는가?

2021년에는 '헬릭스 경영'으로 변화될 것으로 예상된다. 그렇다면 왜 '헬릭스(Helix)'라는 용어가 중요해진 걸까? 최근 코로나19를 통해서 많은 한국 기업들이 부서 간의 경계를 허물고 비대면 시대에 적극 대응하고 있다. 지금은 속전속결 시대다. 맥킨지 보고서를 계기로 헬릭스 경영이 뜨고 있다. '헬릭스 경영(Helix Management)'이란 말 그대로 '나선형'이라는 의미로 기존 애자일 방식의 업그레이드 버전이라고 생각하면 쉽다. 헬릭스 경영이 완전히 애자일을 대체하는 것은 아니다. 헬릭스는 애자일 조직의 변화를 도와줄 수 있는 촉진제와 같다. 기존 애자일 경영은 리더 한 명에게 권한과 책임이 집중되다 보니 리더가 잘 모르는 분야와 관련된 업무는 관리가 잘되지 않는 사례가 많았다. 반면 헬릭스 경영구조에서는 리더 여러 명이 애자일 팀을 함께 운영하므로 한 사람이 모든 것을 파악하지 않아도 된다. 단, 팀원이 한 가지 사안을 여러 명에게 보고하는 등 비효율적인 업무를 보는데 시간을 낭비하지 않도록 조정해야 한다. 리더 간 의견 조율에 많은 시간이 소요되지 않도록 각 리더의 권한과 책임을 명확하게 나누는 것도 필수다.

채용 방식도 AI 채용, 온라인 인적성검사, 화상면접, 코딩 인터뷰 등 비대면으로 바뀌면서 더욱더 빠르게 재편되고 있다. 기업은 빠르게 질문 방법을 바꾸고 있다. "불확실한 세상에 어떻게 살아남을 것인가?"에서 "어떻게 민첩하게 경쟁력을 확보할 것인가?"로 변하고 있다. 확실한 세상에서는 자신이 굳이 노력하지 않아도 되지만 점점 더 불확실한 세상에서는 살아남기가 어려워진다.

애자일 경영과 헬릭스 경영의 차이

구분	애자일 경영	헬릭스 경영
조직 구조	한 명의 리더가 직원 관리	복수의 리더가 직원 관리
업무 분장	구성원의 역량과 지식을 정확하게 파악해야 하는 부담이 있음	소규모 조직을 구성할 때 효율적으로 업무 분장이 가능함
의사 결정	다양한 직무를 거치지 않은 리더의 경우, 전문성이 떨어져서 의사결정이 늦어짐	여러 명의 리더가 각각 전문성을 발휘할 수 있는 환경을 만들어 의사결정이 빠르게 진행됨
권한과 책임	리더 한 명에게 권한과 책임이 집중되다 보니 잘 모르는 분야의 업무는 관리가 원활하지 않음	리더 여러 명이 팀을 함께 운영하기 때문에 의견 조율에 시간이 필요하지 않도록 권한과 책임을 명확하게 나눌 수 있음
피드백	애자일 행동 원칙으로 성과 측정에 따른 정기적 피드백	개별 과제마다 성과를 평가하여 직원들에게 수시로 피드백 제공

전 세계 투자자들이 주목하고 있는 '마가트(MAGAT, 마이크로소프트 · 아마존 · 구글 · 애플 · 테슬라)'로 대표되는 글로벌 IT기업들이 추구하는 것이 바로 '헬릭스 경영'이다. 이들은 짧은 주기로 먼저 제품을 출시하고 고객 반응을 살핀 뒤 수정과 개발을 반복하는 방식으로 적극적인 소통, 효율적인 프로세스를 통해 소프트웨어 개발 과정을 혁신하고 있다. 이를 위해 기업 내 부서 간 경계를 없애 기민하게 협업하고, 사업 목표에 따라 구성된 팀에게 권한과 책임을 위임한다. 제품이 흠잡을 데 없이 완벽해질 때까지 기다리기보다 불확실성 속에서

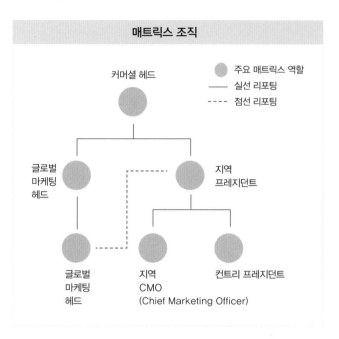

매트릭스 조직

커머셜 헤드

- 주요 매트릭스 역할
- —— 실선 리포팅
- ---- 점선 리포팅

글로벌
마케팅
헤드

지역
프레지던트

글로벌
마케팅
헤드

지역
CMO
(Chief Marketing Officer)

컨트리 프레지던트

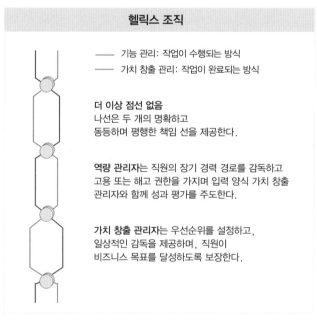

헬릭스 조직

—— 기능 관리: 작업이 수행되는 방식
—— 가치 창출 관리: 작업이 완료되는 방식

더 이상 점선 없음
나선은 두 개의 명확하고
동등하며 평행한 책임 선을 제공한다.

역량 관리자는 직원의 장기 경력 경로를 감독하고
고용 또는 해고 권한을 가지며 입력 양식 가치 창출
관리자와 함께 성과 평가를 주도한다.

가치 창출 관리자는 우선순위를 설정하고,
일상적인 감독을 제공하며, 직원이
비즈니스 목표를 달성하도록 보장한다.

* 출처 : 맥킨지&컴퍼니

제품을 내놓고 시장 흐름을 기민하게 파악하면서 계속 수정·보완해 나가는 방법이다.

헬릭스 경영이 애자일 경영과 다른 점은 바로 리더가 여러 명이 있다는 것이다. 헬릭스 조직은 리더가 복수 이상으로 직원 관리에 부담이 줄어든다. 다양한 직무를 거치지 않은 리더는 전문성이 떨어져서 의사결정을 늦추는 경향이 있다. 헬릭스 조직은 리더를 별도로 구성하여 각각의 전문성을 발휘할 수 있는 환경을 만든 것이 특징이다.

애자일 방식의 자율성이 보장되고 실패에 관대해지다 보면 기업이 설정해놓은 중장기 비전 및 전략 방향에서 이탈이 발생할 수 있다. 이를 중간에서 점검하고 조율해나가는 것이 헬릭스 조직의 리더 역할이다. 소규모 조직을 필요에 의해 만들고 해체한다는 점에서 애자일 조직과 같지만, 리더가 여러 명 존재해서 효율적인 관리가 가능하다.

그런데 빠르게 변화하는 분야일수록 애자일 경영에 성공하기가 쉽지 않다. 애자일의 단점을 보완한 형태인 헬릭스 조직을 효과적으로 운영하기 위해서는 각 직원이 어떤 역량을 갖추고 어떤 지식을 보유했는지 정확하게 파악해야 한다. 그래야 리더들이 소규모 조직을 구성할 때 인적자원을 효율적으로 배분할 수 있다. 오히려 구성원의 역량을 잘 모르면 업무분장에서 실패할 수 있다. 헬릭스 경영의 단점은 잘못된 업무 배정과 리더들의 역할이 잘 수행되지 않을 때는 오히려 기존 애자일 조직보다 신속하게 대응하지 못할 수 있다는 것이다.

02 헬릭스 경영 - 세계 동향

세계적인 기업들은 애자일 경영으로 산업 지형을 바꾸고 있다

《채용 트렌드 2020》에서 주목한 '애자일 조직 문화'가 2021년에는 다른 분야로 널리 확산될 전망이다. 넷플릭스, 아마존 등이 성과를 위해 도입했던 애자일 도구가 이제는 애자일 문화와 헬릭스 경영으로 빠르게 자리 잡고 있다. 애자일 전문가 스캇 로즈는 애자일 경영을 도입할 때 성공과 실패를 결정하는 요인 중 도구가 차지하는 비율은 5%, 문화가 차지하는 비율은 95%라고 말한다. 애자일 정신은 팀에 속한 모든 사람은 긍정적인 성과를 원하는 전문가라고 가정한다. 전문가다운 자세, 즉 모든 사람들이 최선을 다하기를 원하는 것이다.

애자일 방식이란 프로젝트의 끝으로 테스트를 미루지 않는다는 것을 뜻한다. 고객의 요구 사항과 여러 사람의 피드백을 모아서 빨리 개선하는 것이 중요하다. 인터넷 익스플로러, 아이폰 등이 바로 애자일 방식에 의해서 탄생한 것이다. 에이치앤앰(H&M), 자라(ZARA), 유니클로(Uniqlo) 등 패션 브랜드 업체도 애자일 방식을 도입했다. 이러한 기업들은 과거처럼 제품을 대량 출시하는 것이 아니라 시장을 냉정하게 분석하고 그에 맞게 생산 물량을 15% 줄이고 시장과 고객 반응에 따라 유연하게 생산하면서 성과를 내고 있다. 이렇게 하는 이유는 유행 주기가 이전보다 급속도로 빨라지고 있기 때문이다.

손익 계산보다 질적 성장부터 시작하라

한때 IT 업계 거인으로 군림했던 마이크로소프트는 2000년대 후반 한계에 봉착해 성장이 멈추고 갑작스러운 경영난으로 주가도 불안정했다. 당시는 오피스 사업부가 큰 성과를 거두고 윈도우 사업부는 뒷걸음질치던 시기였다. 오피스 사업부와 윈도우 사업부는 서로 다른 조직인 것처럼 일했고, 오피스 사업부만 따로 분사한다는 소문이 나돌 정도였다. 그때 인도 출신 엔지니어 사티아 나델라가 CEO로 부임하면서 마이크로소프트는 완전히 바뀌었다. 부임한 지 5년도 채 되지 않아 클라우드 통합 서비스 부문에서 점유율 세계 1위로 도약하는 등 오랫동안 잃어버렸던 영광을 되찾았다.

마이크로소프트 변화의 중심엔 리더십이 있었다. 사티아 나델라가 강조한 것은 '성장 마인드셋(Growth mind-set)'이었다. 그는 "성공은 손익 계산과 관련된 것만으로 이뤄져서는 안 된다. 개인의 질적 성공부터 시작해야 한다. 개인적으로 모든 사람이 자신의 역할과 삶에서 성장한다면 하나의 조직으로서 우리도 성장한다. 우리는 스프레드 시트를 뛰어넘어야 한다"고 말했다. 나델라는 성공을 재정의하고 이를 직접 실천, 독려하면서 거대한 조직의 변화를 이끌고 있다. 그는 개인의 성과나 이익을 추구하는 것이 아닌 조직의 균형 발전을 이루어야 한다고 강조했다. 결국 최고경영자로 취임하고 나서 13만 명의 직원들을 변화시켰다. 그 밑바탕에는 공감과 실수를 허용하고, 실수로부터 배우며 다양성을 인정하는 문화가 자리 잡고 있었다.

지구상의 모든 사람과 조직이 더 많은 것들을 성취할 수 있도록 역량을 지원하는 것을 사명으로 삼고 있는 마이크로소프트는 기업 성격까지 바꾸어 소프트웨어 패키지 회사에서 서비스를 제공하는 회사로 변화했다. 오피스 패키지 회사가 오피스365라는 클라우드 서비스

회사로 변모하는 것은 생각만큼 쉽지 않다. 개발, 판매, 피드백, AS 까지 모든 과정이 바뀌어야 하는 만만치 않은 작업이다. 사티아 나델라는 기업의 영혼에 대해 말한다. '기업은 왜 존재하는가?', '기업의 구성원은 무엇을 위해 일하는가?', '이 사회에서 기업은 어떤 목표를 향해 나아가야 하는가?' 사티아 나델라는 관료화된 조직문화의 틀을 깨고 관성에 물든 조직원들을 변화시키기 위해 '공감'이라는 가치를 내세운다. 이 공감을 통해 사람과 사람, 사람과 기술을 연결하여 하나의 목표에 집중함으로써 마이크로소프트를 다시 열정과 새로움으로 춤추게 만들었다.

코로나19에 가장 잘 대응했다고 평가받는 마이크로소프트는 2020년 1분기 매출이 350억 달러(42조 3,500억 원)로 전년 대비 15% 증가했고, 협업 툴인 MS팀즈의 1일 활성 사용자는 4,400만 명에서 7,500만 명으로 증가했다. 이런 성과는 직원들을 단합시키고 자부심까지 심어줄 수 있었다.

코로나 사태 직후 MS는 재택근무에 들어갔고 대책을 직원들에게 신속히 공지했다. 예상치 못한 변수도 있었다. 재택근무를 선언했는데도 직원들이 보안 때문에 집에서 접속이 제대로 이루어지지 않았던 것이다. MS는 보안팀을 소집해 직원들이 집에서도 사무실과 같이 일하도록 요청했다. 보안팀의 인력이 모자라자 다른 보안회사 인력을 지원했고 내놓은 해결책이 실패했을 때는 팀원들을 다독였다. 늦게까지 일하는 직원들에게는 격려 메시지와 간식도 챙겨 보냈다. 덕분에 3일 만에 문제가 해결되었고 3만 4,000명의 직원들은 집에서도 회사처럼 일할 수 있었다. "실패해도 괜찮다는 격려는 우리의 작업 속도를 높이는 데 도움이 됐다. 두려움 없이 실패를 보고할 수 있었고, 작동이 잘 안 됐어도 누구도 좌절하지 않았다"라고 MS 최고정보보안책임자 브렛 아르세노는 이야기했다. "우리는 지난 2개월 동안 2년간 이루어질 만한 디지털 혁신을 경험했다. 원격 업무 협업과 학습, 영업과 고객 서비스, 클라우드 인프라와 보안 등 고객이 원격 세상에서 적응할 수 있도록 돕고 있다. 그 중심에 많은 사람들이 있었다." 나델라는 직원들이 MS에서 일하는 것을 자랑스럽게 느끼도록 주력했다. 연일 우울한 소식이 보도되면서 직원들의 사기가 꺾일 것이라 판단했기 때문이다.

헬릭스 경영은 애자일 방식을 버리는 것이 아니다. 헬릭스 경영은 한 사람의 리더가 아니라 복수의 리더로 만드는 것이다. 리더 한 사람의 지시가 아니라 팀 단위로 운영되기 때문에 동료 간의 협력이 더 많이 필요하다. 따라서 팀원 중에 누가 열심히 했는지는 관리자보다 동료가 더 잘 안다. 헬릭스 경영은 우리의 품앗이 문화와 비슷하다. 우리 품앗이 문화는 상호 존중 아래 여러 리더의 협동, 구성원의 공감, 협업의 변화가 총체적으로 시너지 작용을 일으켜 공동 목표를 이루는 것이다.

직원이 아닌 스타플레이어가 돼라

한 청년은 한 가지 큰 의문에 사로잡힌다. "대체 왜 비디오를 빌려 본 후 제때 반납하지 않으면 비싼 연체료를 내야 하는 거지?" 비디오 대여점에서 영화 〈아폴로13〉을 빌려본 리드 헤이스팅스는 비디오테이프를 제때 반납하지 않았다고 40달러에 이르는 큰 연체료가 발생한 것에 경악했다. 집에서 거리가 먼 비디오대여점까지 직접 갔다 와야 하는 것도 억울한데, 조금 늦었다고 연체료까지 내야 하다니 매우 불합리한 서비스라고 생각했다. 그는 이렇게 불합리하지만 굳어진 관행 속에서 페인 포인트(pain-point)를 통해 새로운 사업 기회를 찾았다. 거실에 앉아서 명령 한 번만 내리면 원하는 드라마와 영화를 즉시 볼 수 있는 서비스, 바로 넷플릭스가 탄생했다.

넷플릭스는 헬릭스 경영을 이어나가고 있다. 개발자 출신 CEO 리드 헤이스팅스는 이렇게 이야기한다. "우리는 프로 스포츠팀이지 아이들을 위한 레크리에이션 팀이 아니다. 최고의 스타 플레이어들인 만큼 최고의 성과를 내야 한다. 대신 스타 플레이어들은 그 능력만큼 대접받아야 한다." 넷플릭스는 조직을 구축할 때 "우리 조직에 어떤 인재들이 있는가?"가 아니라 "우리 조직에 어떤 인재가 필요한가?"라는 질문을 던진다. 단지 함께 가는 것만으로는 의미가 없고 우리에게 필요한 최고의 인재가 함께 가는 것이 중요하다고 생각한다. 넷플릭스의 평균 연봉은 25만 달러가 넘는다. 최고의 팀에는 그에 맞는 보상을 위해 애자일 시스템이 제공된다. 넷플릭스는 최고의 인재를 채용하여 시장 최고 수준의 보상을 제공하는데, 날짜를 기준으로 조정하는 것이 아니라 시장 변동이나 스킬 변화에 따라 유연하게 급여 수준을 조정한다. 직원이 조직 성과에 중요한 기술을 습득했거나 업그레이드했다면 내년까지 기다릴 필요 없이 급여 인상에 반영하는 것이다. 반드시 자리를 지킬 필요도 없으며, 직원이 쉬고 싶을 때 언제든지 휴가를 내면 된다. 직원은 자신의 업무에 필요한 기기를 자유롭게 주문할 수 있고, 매니저의 허가를 받지 않아도 새로운 업무나 아이디어를 자유롭게 추진할 수 있다. 대신 성과가 나오지 않는다면 회사를 떠나야 한다. 대신 퇴직금은 두둑하게 챙겨준다. 넷플릭스는 매년 전 직원의 성과를 평가해 하위 성과자 20%를 해고하는 것으로 알려져 있다. 반대로 성과가 나왔다면 그 직원은 더욱 높은 성과를 낼 능력이 있는 것으로 판단해 더 많은 권한과 혜택을 부여한다. 마치 스포츠 구단에서 훌륭한 선수를 스카우트하고 부진한 선수는 퇴출시켜 항상 팀의 기량을 높게 유지하는 것과 같다.

위험을 무릅쓰고 앞으로 나아가라

헬릭스 경영에는 리듬과 주기가 있다. 가장 많이 사용되는 프레임 워크가 스크럼(Scrum)이다. 이는 조직의 개발 프로세스 도입에 도움을 준다. 최근 한 조사에 따르면 스크럼 프레임 워크를 사용하고 있다고 대답한 비율이 89%에 달한다. 스크럼닷오알지(Scrum.org)는 최근 이른바 스크럼 가치 리스트를 발표했다. 스크럼 프로세스를 작동하게 만드는 가치들은 용기(Courage), 초점(Focus), 전념(Commitment), 존중(Respect), 개방성(Openness)이다. 기본적인 스크럼 프로세스는 매우 직관적이다. 프로젝트 오너(PO, Project Owner)가 고객과 가치, 제품이나 서비스를 전달하는 방법에 대한 비전을 규정하는 책임을 진다. 프로젝트 오너는 팀과 협력, 비전을 달성하는 데 목적을 두고 사용자 스토리의 백 로그를 정의한다. 각 사용자 스토리에서 목표와 대상, 중요한 이유, 솔루션이 고려해야 할 제약 요소를 정의한다. 스크럼의 중심에는 통상 1~4주 기간의 스프린트가 있다.

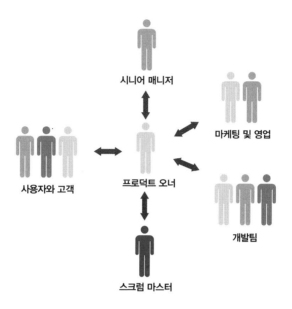

시니어 매니저

마케팅 및 영업

사용자와 고객

프로덕트 오너

개발팀

스크럼 마스터

스크럼 프레임 워크

프로젝트 오너는 제품에 대한 오너십을 보유한 사람으로 비즈니스 목표를 충족하는 제품을 만들기 위해 제품 백 로그를 관리하고 제품을 검토한다. 개발팀과 함께 가치와 원칙으로 성공적인 제품을 만들고, 조직 변화를 촉진하면서 민첩한 작업 방식을 수립하여 유지할 수 있도록 책임을 진다.

스크럼 마스터(SM, Scrum Master)는 스크럼이 잘 수행될 수 있도록 도와주는 역할이다. 스크럼 마스터는 애자일 코치(Agile coach)라고도 불린다. SM는 최대한 객관적인 시각에서 스크럼에 정해진 원칙들이 팀에 잘 적용될 수 있도록 도와주고 문제가 생겼을 때 해결하는 역할을 한다. 팀 구성원 간의 오해나 이해의 부족으로 인해 생기는 여러

애자일 적용 국내 기업

삼성SDS	2015년 애자일 전담팀 'ACT' 결성
SK이노베이션	애자일 조직이 해외 부품을 국산 부품화로 해결
KT	2019년 개발업무 시범 적용 2020년 3월 애자일 센터 오픈
LG CNS	사내 벤처기업 '햄프킹' 분사
LG	구광모 LG 회장 디지털 트랜스포메이션 강조 1월 LG포럼 주제 '디지털 시대의 애자일 혁신'
LS그룹	그룹 차원에서 계열사 일부 신입사원을 대상으로 애자일 테스트 직급 체계 3단계로 간소화
GS	허태수 회장 신년사에서 애자일 혁신 강조
KB국민은행 KB국민카드	12개의 ACE 2018년 스웨그(SWAG) 애자일 조직 결성
오렌지라이프	2018년 4월 보험업계 최초로 도입
ING생명	2018년 4월 보험업계 조직 체계 도입
한화그룹	애자일 도입, 성과관리 체계 OKR(Objective and key Results) 도입
신한카드	2018년 12월에 디지털 사업 그룹에 애자일 조직을 구축
현대차	직급 체계 5단계로 간소화

분쟁이나 하는 일에 대한 우선순위 선정이 끝났을 때 정말로 일이 잘 끝났는지 내려진 정의를 확인해보고 투명하게 의사결정을 할 수 있도록 가이드 역할을 한다. SM은 항상 팀원들의 목소리에 귀를 기울여야 한다. 이렇듯 PO와 SM의 역할은 큰 차이가 있으며 스크럼 내에서 해야 할 일이 다르다. 상호 보완적인 존재이다. SM은 그 사실을 다시 PO에게 전달하여 서로 이해할 수 있는 환경을 만들어줘야 한다. PO는 제품의 오너십을 가지고 있지만 팀 외부에 많은 이해관

계 당사자들의 피드백을 필터링하는 역할을 하고 있다.

세계적 기업 사례를 살펴보면 헬릭스 경영은 크게 3가지로 요약된다.

첫째 헬릭스 경영은 조직 간에 충분한 상호작용이 일어나 시너지 창출이 가능하도록 리더들이 브릿지 역할을 잘해야 성과의 질을 높일 수 있다.

두 번째, 헬릭스 경영에는 수행하는 일에 대한 명확한 평가 보상을 받을 수 있는 내부 시스템을 확보해야 한다. 헬릭스 조직은 기존에 본인이 속했던 조직에서 분리돼야 한다. 실패해도 돌아갈 곳이 있다고 생각하면 결정적인 순간에 절박감이 생기기 때문이다.

세 번째, 헬릭스 경영은 복수 리더들의 협의 과정과 의사결정 지원을 통해 구성원들 본연의 업무에 몰입할 수 있도록 해야 한다. 결국 배려하는 사람과 함께 절박하게 일을 해야 최고의 결과가 나온다. 이 3가지가 가능해야 진정한 헬릭스 경영이 된다.

JOB TREND
03 헬릭스 경영 - 국내 동향

급변하는 환경에 맞춰 국내 기업경영의 대안으로 뜨다

2021년 국내 기업들의 경영 화두가 헬릭스 경영으로 전환되고 있다. 간편송금 서비스 토스를 운영하는 비바리퍼블리카는 국내 최초로 헬릭스 경영을 도입했다. 물론 아직 애자일 경영이 더 대세라고 볼 수 있다. 삼성, LG, SK, 현대자동차, 롯데, KT 등 애자일 경영을 도입하거나 도입할 예정이다. 애자일 경영은 특히 디지털 전환과도 관련이 있다. 국내 산업 생태계는 하루가 다르게 변모하고 있고, 4차 산업혁명과 함께 등장한 산업 간 융·복합은 기존 기업들을 위협하고 있다. 우리 정부도 2023년까지 총 3,000억 원의 핀테크 혁신 펀드를 조성한다. 2025년까지 5,000억 원까지 규모를 늘릴 계획이다. 해당 펀드는 은행과 금융 유관기관이 참여해 핀테크 기업의 창업 초기 자금과 스케일업, 해외 진출 등에 투자한다. 정부는 또 혁신금융서비스 지정을 100개로 늘리는 한편 인수합병(M&A) 활성화, 기술특례 상장독려 등을 통해 국내 핀테크 기업들의 스케일업을 도울 계획이다. 정부는 금융 규제 샌드박스, 데이터 3법, 디지털 뉴딜, 오픈뱅킹 등 다양한 정책을 펼치며 핀테크 활성화에 기름을 붓고 있다.

세계적으로 핀테크 도입 속도가 빨라지면서 그 흐름을 좇지 않으면 금융 후진국으로 전락할 가능성이 크다. 어니스트영(EY)에 따르면 한국의 핀테크 도입률은 2019년 기준 67%다. 세계 평균인 64%를 조금 웃도는 정도로 IT 강국이라는 타이틀에 걸맞지 않게 초라한 수준이다. 반면 중국과 인도는 87%, 영국은 71%에 달한다. 최근 우리 정부가 제2벤처붐을 외치며 핀테크 산업을 전면에 내세운 이유다. 네이버, 카카오와 같은 거대 IT기업들이 잇달아 금융업에 진출하면서 은행 등 전통 금융권의 긴장감이 높아지고 있다. 아직은 실적이 미비한 수준이지만 수천만 명에 달하는 이용자들의 각종 데이터를 보유하고 있고 인터넷 플랫폼까지 완비한 빅테크(Big Tech) 기업들이 '편리함'과 '파격'이라는 무기를 들고 잇따라 도전장을 던지고 있기 때문이다. 정부까지 나서니 애자일 경영은 2021년 주요 키워드가 될 전망이다. 고객 욕구를 빠르게 파악하고 실시간으로 제품에 반영하는 애자일 경영을 도입한 기업만이 살아남는 시대가 온다.

2021년 애자일 경영이 도입되는 이유는 사회적 지각 변동이 일어나고 있는 시기에 발 빠르게 신시장을 선점하기 위해서이다. 우리은행은 급변하는 금융환경에 신속히 대응하기 위해 최근 조직개편을 단행했다. 애자일 조직 체계를 도입했고 디지털 전환을 추진하고자 'DT(Digital Transformation) 추진단', '인공지능(AI) 사업부'도 신설했다. 또 비대면 고객관리 체계 강화를 위해 개인 그룹의 고객센터를 디지털 금융그룹으로 소속을 변경해 스마트 고객부와 동일 그룹 내에 편제했다. 부서와 팀의 중간 형태인 ACT(Agile Core Team) 조직 체계를 신설해 새로운 사업 기회를 발굴하고 추진하기 위한 특공대 역할을 맡기기로 했다.

2021년 7월 오렌지라이프와 통합법인 출범을 앞둔 신한생명은 애자일 방식을 적용한 고객전략그룹을 신설해 운영 중이다. 애자일 조직은 부서 간 경계를 없애고 필요에 맞게 소규모 팀을 구성해 업무를 수행하는 권한을 부여하는 경영 방식을 말한다. 애자일 조직은 필요할 경우 수시로 설립돼 경영진으로부터 부여받은 미션을 수행한다.

한화생명도 디지털 중심의 조직개편을 단행하고 특정 업무 단위에 애자일 업무 방식을 적용하고 있다. 한화생명은 최근 13개 사업본부 50개 팀을 15개 사업본부 65개 팀으로 개편했다. 그중 9개 팀은 디지털 및 신사업 추진을 위한 업무부서다. 개편된 조직 체계에서는 직급에 상관없이 주어진 프로젝트에 가장 적합하고 전문성을 갖춘 사람이 리더를 맡는다. 하나손해보험(구 더케이손해보험)도 지난달 첫 조직개편을 단행했으며 디지털본부에 디지털전략팀, 디지털추진팀 등

수직적 조직문화에서 수평적 조직문화로 전환

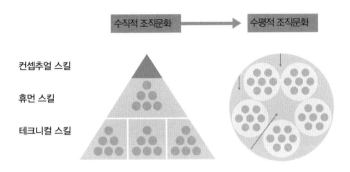

상설 3팀 및 프로젝트별 '애자일 스쿼드(Agile Squad)'를 운영하고 있다. 시장 환경 변화에 발맞춰 민첩하게 움직이기 위해 애자일 업무 방식을 도입하는 보험사가 늘고 있다. 전문성에 초점을 맞춘 유기적인 근무 환경을 조성한다는 점에서 업무 효율성을 높일 수 있을 것으로 기대하고 있다.

헬릭스 경영이 이제 조직의 체질을 변화시키고 있다. 채용, 평가, 보상, 승진, 교육 기획, 교육 운영, 교육 평가 등의 HR 관리에서 기존의 정형화된 관행에 얽매일 이유는 없다. 필요에 따라 더 효과적인 방법으로 실행하는 것이 중요하다.

수직적 조직문화에서 수평적 조직문화로 전환되면서 소프트스킬과 휴먼 스킬이 더욱더 중요해지고 있다. 채용 담당자들에게 면접에서 실망한 이유를 물어보면, 가장 많이 나오는 것이 바로 약자, 줄임말, 비속어, 채팅 용어 사용 등 '커뮤니케이션 능력 부족', '답변의 일관성 부족', '팀워크 능력 부족', '문제 해결 부족' 등 소프트스킬에서 문제점을 지적하는 경우가 많다. 눈에 보이는 자격증, 학위 등 직무 관련 하드스킬은 서류전형에서 이미 걸러냈기 때문이다. 우리가 놓치고 있는 것은 하드스킬이 아니다. '하드스킬(Hard-Skill)'이란 생산, 마케팅, 재무, 회계, 인사조직 등 전문 능력을 말한다. 소프트스킬(Soft-Skill)이란 커뮤니케이션, 협상, 팀워크, 리더십 등을 활성화할 수 있는 능력을 말한다. 기업은 대인관계, 의사소통, 갈등 관리, 팀워크 등 '소프트스킬'을 갖춘 인재를 뽑으려고 한다.

04 헬릭스 경영을 도입할 때 주의해야 할 5가지 사항

1. 한 조직 안에 리더 여러 명을 배치하여 책임이 편중되지 않게 하라

헬릭스 경영은 소규모 조직을 필요에 의해 만들고 해체한다는 점에서 애자일과 같지만, 리더가 여러 명 존재해서 직원 관리에 부담이 적다는 장점이 있다. 애자일 경영에서는 자율성이 보장되고 실패에 관대해지다 보면 기업이 설정해놓은 중장기 비전 및 전략 방향에서의 이탈이 발생할 수 있다. 이를 중간에서 점검하고 조율해나가는 것이 헬릭스 조직의 리더 역할이다.

2. 각 직원이 어떤 역량을 갖추고 어떤 지식을 보유했는지 정확하게 파악하라

헬릭스 조직을 효과적으로 운영하기 위해서는 각 직원이 어떤 역량을 갖추고 어떤 지식을 보유했는지 정확하게 파악해야 한다. 그래야만 여러 리더의 역할의 분산을 통해 소규모 조직을 구성할 때 인적자원을 효율적으로 배분할 수 있다.

3. 직원들이 수행하는 일에 대한 명확한 평가 보상을 받을 수 있는 환경을 확보하라

팀에는 다양한 능력과 경험, 그리고 역량을 가진 사람들이 함께 있다. 보상이 명확하지 않으면 몰입이 쉽지 않고 성과가 창출되기 힘들다. 헬릭스 조직이 기존 애자일 조직과 다른 점은 평가 보상이 명확해야 한다는 점이다. 헬릭스 경영이 조직 몰입도, 직무 만족도, 업무효율성 등이 높은 이유는 업무에 몰입할 수 있는 환경을 제공하기 때문이다.

4. 수시로 피드백을 제공해 무엇을 잘하고 있는지 어떤 점에서 개선이 필요한지 알려라

개별 과제마다 성과를 평가하는 만큼 구성원에게 수시로 피드백을 제공해야 한다. 목표에 집중하고 몰입할 수 있게 하는 것이 바로 리더의 역할이다. 구성원들의 몰입을 방해하는 것 중 하나가 의사결정에 대한 부담감이다. 어떻게 하면 의사결정의 부담감을 줄일 수 있을까? 헬릭스 조직에서는 리더들의 협의 과정과 의사결정 지원이 구성원들이 본연의 업무에 집중할 수 있도록 도와준다.

5. 경영은 조직 간에 충분한 상호작용이 일어나 시너지 창출이 가능하도록 하라

애자일 경영은 불확실성이 큰 시장에 빠르게 대응하는 데 초점을 맞춘 방식이라면, 헬릭스 경영은 시장 요구에 신속하게 대응하는 동시에 실패 확률을 낮출 수 있는 방법이다. 기존 애자일 조직의 운영 방식이 충돌될 때 좌초되기 쉬웠으나, 헬릭스 조직의 리더들은 '어떻게 하면 실패 확률을 줄일 수 있을까?' 고민하면서 조직 간 소통의 브릿지 역할을 한다. 헬릭스 경영은 경쟁이 갈수록 심화되는 불황기에 각광받을 전망이다.

참고문헌

· 김기진, 〈빠르게 대응하되 실패 확률 낮춰라-스포티파이 · 토스 공통점은 '헬릭스 (Helix)' 경영〉, 매일경제, 2020. 1. 10.

· 김성태, 〈ICT업계 부는 '애자일 경영' 바람...조직-업무방식도 확 바꾼다〉, 서울경제, 2020. 7. 2.

· 조승빈, 〈우리는 '애자일+α'로 일한다, 컴퓨터월드〉, 2016. 10. 1.

· 아름, 〈소형 · 분권 조직 바탕으로 시장반응 제품에 빠르게 적용〉, 정보통신신문, 2020. 4. 6.

· 황준호, 〈[한류 덮치는 넷플릭스] "세상의 모든 콘텐츠를…"야망이 현실로〉, 아시아 경제, 2019. 4. 24.

· Moira Alexander, 〈확장형 애자일 프레임워크, 'SAFe'의 의미와 구현 방법론〉, itworld, 2019. 9. 4.

· 벳캣 수브라마니암 · 앤디 헌트, ≪애자일 프랙티스≫, 인사이트, 2017.

· 페기 클라우스, 《소프트 스킬》, 해냄, 2009.

· 사티아 나델라, 《히트 리프레시》, 흐름출판, 2018.

프라이빗 이코노미

개인 취향의 시대

대형 재난은 막을 수 없지만 언제든 전투에 나설 준비가 되어 있고, 자신이 어떻게 행동해야 하는지 알고 있으며 서로를 신뢰하는 조직을 만들 수 있다. 군사 훈련에서 제1 규칙은 사병들에게 장교에 대한 신뢰를 불어넣는 것이다. 신뢰가 없으면 싸우지 못하기 때문이다

- 피터 드러커

01 '불특정 다수'가 아닌 '우리끼리' 비즈니스

왜 '프라이빗 이코노미'인가?

코로나19로 인한 불안과 공포는 우리에게 일상의 소중함을 일깨워주었다. 사회적 거리두기가 장기화되면서 타인과의 접촉이 적은 프라이빗한 모임이 트렌드로 자리 잡고 있다. 소수 고객을 대상으로 하는 맞춤 서비스와 예약제 운영, 공용공간 축소, 개인이나 소수가 이용할 수 있는 공간 제공 등 차별화한 운영 방식이 확대되고 있다. 각자의 취향과 개성에 따라 소수의 인간관계를 유지하는 소비가 확산되어온 것이다.

우리의 미래는 사회 전반에 흐르는 거대한 기류가 아니라 소수의 작은 집단들 속에서 조용히 일어나는 변화에서 비롯된다. 페이스북 창업자 마크 저커버그는 "15년 동안 페이스북이 디지털 광장(town square)의 역할을 해왔는데, 앞으로는 집 안 거실 같은 디지털 공간에서 사적으로 연결되고픈 사람들을 위한 서비스를 만들겠다"고 선언했다. 그는 "현재의 공개된 플랫폼보다 프라이버시 위주의 소통 플랫폼이 훨씬 더 중요해질 것이라고 믿는다"며 더욱더 프라이빗한 공간이 중요해지고 있음을 강조했다.

퍼블릭 이코노미와 프라이빗 이코노미의 차이

	퍼블릭 이코노미 (Public Economy)	프라이빗 이코노미 (Private Economy)
개념	누구나 제한 없는 공공 서비스	소수의 고객을 위한 프라이빗 서비스
장점	누구나 정보 접근이 가능하기 때문에 익명성이 확보됨	신뢰를 바탕으로 연결되기 때문에 퀄리티가 높음
단점	불특정 다수가 사용하기 때문에 서비스 질이 높지 않음	소수가 정보 접근이 가능하기 때문에 익명성을 확보하기 어려움

프라이빗 이코노미가 '랜선 문화'의 반대급부로 나타난 현상이라는 분석도 있다. 랜선으로는 의사 표시를 하기 힘든 성향의 사람들이 뒤풀이에서 취향이 맞는 이들끼리 모이는 소모임을 통해 근심을 풀어주는 해우소(解憂所) 역할을 한다는 것이다.

철저한 개인 안전 관리가 일상이 된 지 오래다. 그동안 안전하게 여겼던 공간에 대한 개념이 바뀌면서 지역별로 기업들이 화상면접이나 무인 키오스크 면접을 도입하고 있다. 경기도 화성시는 면접전형을 키오스크를 통한 질의응답으로 진행한 뒤 녹화 영상본을 기업에 전달하는 방식을 사용한다. 구인기업은 해당 동영상을 확인한 후 2차 면접을 거쳐 채용 여부를 결정한다. 전남 여수시는 취업률을 높이기 위해 일자리 정보 안내 시스템 키오스크를 운영하고 있다. 여수시는 전남대 여수캠퍼스 도서관과 청년몰, 시청 1청사 민원실에 키오스크를 설치했고, 경주시는 경주시립도서관 1층 현관에 키오스크를 설치했으며, 취업포털 콘텐츠와 연계하여 신뢰할 수 있는 맞춤형 일자리 정보를 시민들에게 제공하고 있다.

남양주시도 취업박람회에 기업을 초대하는 대신 시청 안에 '면접 키오스크'를 설치했다. 지원자가 키오스크 앞에 서면 각 기업이 선정한 질문 4~5개가 화면에 뜬다. 그리고 지원자가 대답하는 모습이 영상으로 녹화돼 각 기업에 전달된다. 지금까지 100여 명이 8개 기업의 면접에 응시했고 키오스크 이용 자체를 어색하게 여기는 중장년층을 대상으로 관련 코칭 서비스도 제공했다. 이러한 변화는 코로나로 인해 방역이 중요해진 시점에서 많은 인원이 일시에 몰리는 현상을 막고 불특정 다수보다 검증된 소수 인력을 면접하겠다는 의도가 내포되어 있다. 마스크를 쓰고 보낸 2020년이 우리에게 안전의 욕망을 키워왔고, 앞으로는 프라이빗 이코노미가 더욱더 중요해질 전망이다.

02 프라이빗 이코노미 – 세계 동향

세계적 기업들은 광장 시대에서 사랑방 경제로 가고 있다

코로나19가 먼저 일하는 공간을 바꾸면서 그 공간에서 숨 쉬는 인재들까지 변화시키고 있다. 예전에는 집과 사무실이 분리되어 있었지만 불특정 다수와의 접촉을 꺼리기 시작하면서 집은 주거 공간을 넘어 사무, 학습, 그리고 안전이 보장되는 휴식 공간으로 바뀌고 있으며 다양한 기능을 충족하는 소수를 위한 '프라이빗 이코노미'가 강화되고 있다. 모든 일상이 '집' 중심으로 진행됨에 따라 집에 대한 가치 기준과 인식도 달라지고 있다. 레스토랑을 직접 방문하는 것을 꺼리는 고객이 늘어남에 따라 호텔업계도 배달 서비스를 도입하거나 드라이브 스루를 통해 포장 음식을 판매하는 사례가 늘고 있다. 메리어트 인터내셔널은 최근 고객과 직원에 대한 위험을 최소화하고 안전을 강화하기 위해 '메리어트 글로벌 청결 위원회(Marriott Global Cleanliness Council)'를 창설했다. 메리어트 호텔 3,200여 곳에서 투숙객들은 전화로 체크인, 입실, 특별 요청 및 룸서비스 주문을 선택할 수 있으며 룸서비스는 특별하게 포장되어 문 앞에 배달된다.

메리어트 인터내셔널은 앱을 통해 회원들이 모바일로 체크인하면 프런트에서 키를 받지 않고도 입실이 가능하고 프라이빗 서비스인 '메리어트 본보이(Marriott Bonvoy)'라는 로열티 프로그램을 운영하고 있다. '프라이빗 이코노미' 트렌드를 유심히 보면 양극화가 심화된 것을 알 수 있다. 초고가 제품을 구매하는 고객과 상대적으로 저렴한 제품을 찾는 고객으로 소비가 양극화되고, 개성 있는 브랜드를 원하는 Z세대는 낡은 이미지의 브랜드를 외면하는 현상도 있다.

최고 인재는 오히려 구직에 수동적이다

코로나19 이후 전 세계적인 채용 트렌드도 프라이빗 방식으로 바

꿰고 있다. 검증되지 않은 이들과 접촉을 꺼리는 경향이 늘어나면서 구글, 페이스북 등 IT 기업을 중심으로 직원 추천제가 널리 활용되고 있다. 원래 '직원 추천제(Empolyee Referral Program)'란 사내 구성원들의 네트워크를 활용하여 기업에서 필요로 하는 우수 인재를 모집하는 방법이다. 강력한 추천 문화는 기업이 접근하기 어려운 인재풀에 접근할 수 있게 해준다. 바로 구직에 수동적인 인재들이 그 대상이다. 이들은 대개 자신의 역할에 만족하여 적극적으로 일자리를 찾지 않는다. 그러나 친구나 전 직장 동료의 강력한 추천으로 인해 취업을 고려하게 된다.

인텔, IBM, 마이크로소프트 등은 막강한 직원 추천 보너스 프로그램(ERBP, Empolyee Referral Bonus Program)으로 정평이 나 있다. 인텔은 다양성을 높이기 위해 여성과 소수인종 직원을 늘리는 새로운 보너스 제도를 도입했다. 자사 직원에게는 이른바 '추천 보너스'를 2배 높은 최대 4,000달러를 지급한다. 비욘드닷컴(Beyond.com)이 실시한 설문 조사 결과, "기존 직원 추천이 최고의 채용 관련 정보원"이라고 응답한 비율이 71%에 달했다. 인터넷의 도움을 받는다고 하더라도 기존 직원들이 알고 있는 사람을 추천하는 경우 개인 성향과 조직문화의 적합성을 충분히 검증할 수 있기 때문에 채용 성공률을 높일 수 있다.

일본 기업들은 부업 인재까지 확산하고 있다

최근 일본 기업은 새로운 채용제도를 도입해 인재 확보에 나섰다. 인재 쟁탈전이 심한 '신규 대졸자' 대신 기존 사원들의 인맥을 활용해 취업 기회를 놓친 졸업자나 타 회사 직원 중에서 '숨은 인재'를 발굴하는 것이다. 필기시험 대신 사원의 연고를 활용해 사람을 뽑는 것이 '직원 추천제'이다. 신규 대졸자를 일괄 채용하는 것이 오랜 관례였던 일본의 채용 문화에서 벗어나 신뢰를 바탕으로 기존 직원이 인정하는 취업 희망자를 적극 수용하고 있다. NHK에 따르면 도쿄에 있는 한 IT 벤처기업은 인재 확보에 대한 고민 끝에 전 사원의 인맥을 활용하는 새로운 채용 전략을 도입했다. 사원 웹사이트 게시판에 마케팅이나 IT 엔지니어 등 분야별로 회사가 원하는 성격과 능력 등을 게재하면 직원들이 조건에 맞는 지인에게 의사를 타진한다. 적당한 대상이 물색되면 회사에 초청해 업무 내용은 물론 급여, 휴가, 복지 등에 관해 허심탄회하게 대화하는 시간을 갖는다. 채용이 이루어지는 경우 소개한 직원에게 보상금을 지급한다. 이 채용 방식으로 지금까지 총 50명이 입사했다.

일본은 일손 부족이 특히 심한 업종을 중심으로 직원 추천제가 확산되고 있는 분위기다. 게다가 재택근무가 부업 인재 확산을 이끌고 있다. 근무 장소가 자유로워지면서 퇴근 후 다른 회사 업무도 처리할 수 있게 된 것이다. 전체 직원의 95%가 재택근무를 하고 있는 야후재팬은 부업을 허용하기도 했다. 일본은 노동인구가 급격히 감소해 일손 부족이 심각한 가운데 유학 등으로 졸업 연도에 취업하지 못하면 취업 장벽이 갑자기 높아지는 사회 분위기가 여전히 존재한다. 그러나 이 같은 직원 추천제 방식이 확산되면서 기존의 관행으로 빚어졌던 부작용이 줄어들고 인력난을 해소하는 데도 도움이 될 것으로 예상된다. 기업에서 추천을 촉진하는 문화의 장점은 팀 내에서 유대감을 강화할 수 있는 것이다. 자신이 일하는 곳에 친구가 있다고 생각하고 동료를 가족처럼 대하면 삶에서 직장이 더욱 중요하게 느껴질 것이다. 이런 신뢰는 앞으로도 같은 직장에 다니고 적극적으로 업무에 참여하며 생산적인 결과까지 얻을 수 있는 방향으로 영향을 끼칠 전망이다.

JOB TREND

03 프라이빗 이코노미 – 국내 동향

'믿음의 벨트'로 이어지는 프라이빗한 만남이 지속된다

'프라이빗 이코노미'의 서막이 열렸다. 코로나19로 인해 다중이 밀집하는 퍼블릭 서비스는 사양길에 접어들 수 있다. 당분간 감염에 안정적인 공간을 선호하고, 불특정 다수의 공간보다 1인실, 또는 격리된 공간을 선호하게 될 것이다. 한국도 소득 수준이 향상되고 구매력 있는 중산층을 중심으로 이런 기류가 만들어졌다. 코로나19 이후 '돈을 더 내더라도 믿을 만한 공간에서 지인 중심'으로 경제활동을 하는 현상이 뚜렷해지고 있다. 이는 산업적으로도 중요한 패러다임의 변화로 해석된다.

"정말 만나보시겠어요?"

"아임 데들리 시리어스(I'm deadly serious). 믿는 사람 소개로 연결 연결, 이게 베스트인 거 같아요. 일종의 뭐랄까, 믿음의 벨트?"

영화 〈기생충〉에서 자신을 미국 일리노이 주립대학교 출신 미술학도라고 속인 박소담과 이를 믿는 집주인 조여정이 주고받는 대화다. 이 대사 직후 유명한 OST '믿음의 벨트(The Belt of Faith)'(정재일 곡)와 함께 운전기사와 가정부가 교체되는 7분간의 명장면이 나온다. 이처럼 앞으로는 검증된 인간관계 중심으로만 움직인다는 것이다. 헤드헌팅 업체도 마찬가지로 함께 근무했던 직원, 업계 동료 등으로 이미 검증된 사람들을 추천해야 한다. 최종 합격 여부에 앞서 채용 후보자의 이력과 역량, 성품 등을 함께 근무했던 동료, 상사, 부하직원의 의견을 통해 확인하는 '평판 조회(Reference Check)'가 강화되고 검증된 인간관계 중심으로 비즈니스가 움직일 전망이다.

내부 직원 추천으로 들어온 직원이 업무 집중력이 높다

치열해지는 인재 확보 경쟁에서 불특정 다수를 대상으로 하는 일반적인 채용 방식, 예를 들어 인터넷 채용 공고나 대학 채용 설명회 등으로는 우수 인재 확보에 한계가 있다. 공채에서 수시채용으로 변하면서 경력자들에게 사용되었던 직원 추천제가 부상하고 있다. 직원 추천제는 경력직 인재를 찾는 데 가장 효과적인 방법 중 하나다. 페이스케일(PayScale)의 조사 결과를 보면 미국 노동자 중 약 40%가 추천을 통해 채용된 것으로 나타났다. 가족이나 친한 친구의 소개가 가장 많았고(전체 신입사원 중 14%) 그다음이 옛 동료였던 직원(11%), 동료 또는 고객의 소개 순이었다. 친척이나 친구가 소개한 직원 중 53%가 현 직장에 만족한다고 답했다. 어떤 형태로든 소개를 받아 채용된 사람은 직장에서 업무 집중력과 직무 만족도가 더 높게 나타났다. 우리나라에서도 1999년 현대백화점이 사원 추천제를 최초로 도입한 이후 대기업, 외국계 기업을 중심으로 경력직원 채용에서 급속히 확산되고 있다.

롯데백화점은 2017년 5월부터 임직원 참여형 '사내 추천 채용제도'를 도입했다. 시장 변화에 따라 요구되는 전문가 채용을 직원들이 헤드헌터가 되어 진행하는 방식으로 조직 분위기를 잘 알고 직무 이해도가 높은 직원들을 영입해 효율적이다. 실제 채용이 결정되면 인센티브 등의 혜택도 부여돼 직원들의 호응도가 높다. 이 제도는 직원들이 직접 사내 구인 포지션에 적합한 전문 인재를 추천하고, 그에 상응하는 보상을 받을 수 있도록 한 것이다. 추천 직원은 채용 과정에 일절 관여할 수 없고, 인사팀에서 전형별 채용 절차에 맞게 단계별로 진행한 뒤 외부 전문기관을 통한 평판 조회를 거쳐 합격 여부를 결정한다. 특히 추천자에게는 추천을 통해 입사한 직원의 연봉 기준 5% 상당의 포상금을 제공해 적극적인 참여를 유도하고 있다.

이 제도의 가장 큰 장점은 신뢰할 수 있는 직원들의 1차 검증을 거친다는 것이다. 특히 전문성을 요하는 분야가 늘고, 발 빠르게 조직이 변화하고 있는 만큼 이에 적합한 인재를 선제적으로 영입하는 효과를 거두고 있다. 잘 알지 못하는 추천 대상자이거나 징계 및 저성과로 전 직장을 퇴직한 사람은 추천 대상에서 제외된다. 경력사원 입장에서도 롯데 임직원을 통해 내부 조직문화 및 직군에 대한 이해를 높이고 투명하게 판단할 수 있어 입사 후에도 잘 적응할 수 있다. 이 제도를 통해 처음 입사한 사람은 개인정보보호 전문가로 롯데백화점 빅데이터 마케팅팀에 입사해 현재 재직 중이다. 이후 전문성이 요구되는 소믈리에(주류 바이어), 디자인 매니저, 변호사, 노무사를 비롯한 SC팀(스타일 큐레이션팀), 빅데이터팀, 콘란팀(가구 수입사업) 등 미래산업, 경영지원 및 자체 브랜드(PB) 관련 다양한 전문 인재를 직원 추천으로 지속적으로 채용하고 있다.

최근 포스코는 AI 채용 시스템을 활용하면서 경력직 채용에 전사 그룹장-부장, 리더-공장장 포지션을 대상으로 데이터 기반 '직책자 후보 추천 시스템'을 도입했다. 직책 포지션 프로필에 무엇을 반영해야 할지 설문 조사를 실시해 경력, 평가, 나이 등 20여 개 항목을 도출하고, 과거 우수 직책자 데이터를 적합·비적합군으로 분류해 분석했다.

자산관리 플랫폼 '뱅크샐러드'를 운영하는 레이니스트는 최근 200명 규모의 채용 계획을 발표하면서 '사외 추천 제도'를 도입했다. 이 제도는 내부 직원을 대상으로 진행하던 인재 추천 제도를 회사 밖으로 넓힌 것이다. 추천한 후보자가 3개월가량 '웰컴 기간'을 거쳐 최종 합격하면 최대 2,000만 원을 지급한다. 디자이너는 300만 원, 엔지니어는 700만 원부터 시작하는데 직급 등에 따라 보상액이 달라진다.

토스 운영사인 비바리퍼블리카는 2019년 1월부터 토스에 합류하는 경력직원들에게 이전 직장 연봉의 1.5배를 제안하고 있다. 비바리퍼블리카 관계자는 "해당 정책이 시행된 이후 입사한 직원은 200여명"이라고 말했다. 금융상품 플랫폼 '핀다'는 지난해 말 신입 서버 개발자를 모집하며 정착 축하금 500만 원을 내걸었다. 핀다는 2020년 3월 대학 졸업예정자나 졸업생, 2년 미만 경력의 개발자를 대상으로 채용을 실시했다. 핀테크 업계가 이 같은 파격적인 조건을 내거는 이 유는 그만큼 양질의 인력을 확보하는 것이 어렵다는 반증이다. 이들 이 원하는 인재는 정보통신기술에 대한 전문적 소양을 갖추고 있으 면서도 금융업에 대한 이해도가 높아야 한다. 하지만 2가지 조건을 충족하는 인력을 찾기가 쉽지 않다. 고용시장에 개발 인력이 넘쳐나 지만 실제 개발 경험을 갖춘 인재는 극소수이다. 인사 담당자들은 금 융 이해도가 다소 부족하더라도 개발 실력이 뛰어난 인재를 우선 찾 는다. 핀다는 정착 축하금 500만 원을 내걸자 경쟁률이 200 대 1을 기록할 만큼 지원자가 몰렸다. 그러나 최종 합격자는 단 한 명에 불 과했다. 당시 채용이 절대평가로 이뤄졌음에도 커트라인을 넘는 지 원자 자체가 많지 않았던 탓이다.

인지도가 높은 대형 핀테크 기업에만 인재가 몰리는 '빈익빈 부익 부' 현상으로 중소형 핀테크 기업의 인력난이 가중되고 있다. 최근 핀테크 업계뿐만 아니라 은행, 보험사 등 대형 금융회사까지 '디지 털 기업'으로 변신을 선언하면서 인재 유치 전쟁이 더욱 심화되고 있 다. 매년 정해진 시기에 공채를 실시해왔던 대형 금융회사들은 디지 털 인력에 대해서만큼은 핀테크 업계처럼 '상시채용' 전략을 구사하 기 시작했다.

상사 모르게 이직을 준비한다

경력직을 구하는 방법은 크게 채용 포털 광고, 헤드헌팅, 지인 추 천 등이 있다. 링크트인(LinkedIn.com)은 글로벌 기업 이직을 위한 필 수 앱으로 꼽히며, 현재 200여 개 국가에서 6억 명 이상의 회원을 보유하고 있다. 관심 있는 직종이나 기업에 실제 종사하고 있는 사람들과 인연을 맺는다는 느낌으로 접근하면 된다. 내 경력을 정확하고 상세하게 알리는 것만으로 수많은 헤드헌터들에게 연락이 온다. 보통 HR 포털을 이용하면 월 500~600만 원 정도, 헤드헌팅을 이용하면 후보자 연봉의 15~20%다. 연봉 5,000만 원의 개발자 한 명을 채용하면 750~1,000만 원까지 지불해야 하는 것이다. 채용 플랫폼 '원티드(wanted.co.kr)'는 후보자 연봉의 7%를 받는다. 거기서 일부를 후보자와 추천인에게 배분하는 방식이다. 링크트인과의 차별점은 헤드헌터가 아닌 기업 인사 담당자와 직접 연결된다는 점이다.

명함 관리 앱으로 잘 알려진 '리멤버'의 이직 플랫폼 리멤버커리어(career.rememberapp.co.kr)가 최근 직장인들 사이에서 입소문을 타며 인기를 끌고 있다. 리멤버커리어는 잠재적 구직자(당장 이직 생각은 없지만 좋은 제안에 열려 있는 구직자)가 많은 것이 특징이다. 평소 명함 관리용으로 리멤버를 사용하다가 리멤버 커리어에 프로필을 등록한 이들이다. 명함 앱 리멤버와 연동된 덕분에 명함 기반으로 프로필을 확인할 수 있어 일일이 경력을 검증하는 번거로움을 덜 수 있다. 링크트인은 SNS 기능까지 있어서 오픈된 느낌인데 리멤버는 기본적으로 재직 중인 회사는 물론이고 관련 계열사에 프로필이 검색되지 않는다. 따라서 조심스럽게 이직을 하는 데 적합한 플랫폼이다. 리멤버 커리어에 자신의 프로필을 등록한 회원 수는 7월 기준 70만 명을 돌파했으며 여기서 활동하는 리크루터(채용 담당자, 헤드헌터)는 1만 명을 넘어섰다. 이직할 때는 무엇보다 지원한 회사의 직무를 명확하게 알아야 한다. 심지어 회사 홈페이지도 방문하지 않고 면접을 보는 경우도 있다.

'위크루트'는 서비스 출시 1년 만에 430명 이상의 헤드헌터가 가입해 활동하는 국내 최대 헤드헌팅 네트워크로 자리매김했다. 등록하고 채용을 진행하는 비용은 무료이고 채용 성공 시 헤드헌터가 받는 수수료의 10%를 위크루트가 받는다. 이전에 계약 관계가 있는 기업과 서치펌은 10%도 받지 않는다. 그 헤드헌터가 다른 기업의 채용을 성사시키면 받는 수수료를 기대하기 때문이다.

국내 최초 레퍼런스 체크 자동화 솔루션 '체커(Checker)'는 기업의 경력직 채용에 필요한 평판 조회 과정을 원스톱 자동화한 서비스인데 저렴한 비용으로 안전하고 편리하게 채용 후보자의 레퍼런스를 체크할 수 있다. 경력직을 채용하기 위해서는 후보자의 레퍼런스 체크는 필수다. 하지만 후보자 1명당 평균 100만 원에서 300만 원까지 드는 레퍼런스 체크 비용 때문에 도입을 망설이는 기업이 많다. '체커'는 기존 오프라인 레퍼런스 체크 서비스 이용료의 10% 수준으로 가격 부담을 낮췄다. 이러한 서비스로 기업의 인사 담당자 한 명이 하루 최대 960명까지 후보자의 평판 조회를 할 수 있다. 이직자에게는 면접에서 공백기에 대한 질문 공세가 많다. 최근 근무 공백 상태는 자신의 경력에 불리하게 작용하기도 한다. 경력직이라면 현직에 있을 때 움직여야 한다. 이런 앱이나 사이트를 이용하면 프라이빗 공간에서 은밀한 대화를 나눌 수 있다.

프라이빗 이코노미 트렌드는 타운스퀘어(town square)에서 리빙 룸(living room)으로 공간이 바뀔 것이다. 개방적 광장에서는 불특정 다수와의 소통으로 피로감에 지친 데다 친한 이들과만 어울리고 싶다는 '내밀한 인간관계'에 대한 욕망이 크다. 주 52시간제, 1인 가구 증가,

워라밸 중시 등의 영향으로 '개인 취향 소비'를 지향하는 이들이 많아진 것도 작용했다. 게다가 코로나19로 '건강'과 '안전'에 대한 욕구도 더해지며 향후 메가트렌드의 한 축으로 자리 잡을 전망이다.

04 직원 추천제도 채용 시 주의해야 할 5가지 사항

직원 추천 제도는 다른 채용 방법과 달리 비용을 상당히 절감할 수 있다. 일반적 선발 과정과 달리 추천과 면접만을 통해 선발되므로 소요 시간도 획기적으로 단축된다. 잡바이트(Jobvite)의 연구에 따르면 직원 추천을 통한 채용은 평균 29일이 소요되는 반면, 자사의 채용 사이트를 통한 채용은 39일, 외부 커리어 사이트를 통한 채용은 평균 55일이 소요된다. 기존 구성원이 신분을 보장하는 사람을 추천하므로 능력이나 자질이 떨어지는 경우가 드물다. 기존 직원과 친밀도가 높고 직무에 대해 구체적인 정보를 습득하고 입사하므로 이직 사례가 적다. 직원 추천 제도를 통해 입사하는 경우 중간에 회사와 개인적인 배경을 설명해줄 사람이 존재하기 때문에 입사자와 회사 모두 더 좋은 선택을 할 수 있다.

1. 외부 모집을 병행한다

대다수 기업이 추천제만 시행한다면 추천 기회가 없는 사람에게는 불리할 수 있다. 이때는 직원 추천제도와 외부 모집을 병행하여 형평성 시비를 줄일 수 있다.

2. 입사 의지가 있는 추천만 확실하게 보상한다

추천자에 대한 보상을 실시하여 직원의 참여를 높이고 동기부여, 사기 진작 등의 효과를 얻는다. 추천 시에도 보상 시기를 6개월 이후로 분산함으로써 입사 의지가 있는 인재만 추천할 수 있도록 권장할 필요가 있다.

3. 투명성을 유지해서 공정성을 확보한다

채용상 공정성이 문제가 되고 낙하산이나 정실 인사라는 비판을 받을 수 있다. 무엇보다 추천 대상에 대한 가이드라인을 명확하게 정해서 아무나 추천하지 않도록 객관화하는 프로세스가 중요하다.

4. 기업의 특성을 고려하여 적합한 인재만 뽑는다

모든 제도가 그러하듯 사원 추천제 역시 기업의 문화, 분위기, 제도 등 기업의 특성을 고려하여 실시하여야 한다. 빠른 피드백을 통해 귀중한 지원자들이 특별함을 느끼도록 해야 한다.

5. 철저하게 테스트하여 검증 절차를 거친다

회사에서 필요로 하는 인재 요건을 명확하게 알리고 피추천자에 대한 철저한 검증 프로세스를 갖추어야 한다. 추천자의 능력 검증이나 자질을 알아보기 위한 별도의 테스트를 통해 철저하게 공정성 시비와 형평성 문제를 해결할 수 있다.

참고문헌

· 구본권, 〈저커버그, '프라이버시 모순' 딛고 살아남을까〉, 한겨레신문, 2019. 3. 12.

· 노승욱, 〈코로나19에 뜨는 '프라이빗 이코노미'… '불특정 다수' 대신 '우리끼리만', 광장 시대 가고 사랑방 경제로〉, 매경이코노미, 2020. 4. 1.

· 박지원, 〈임직원 추천제(Empolyee Referral Program)〉, LG주간경제, 2006. 5. 3.

· 신수지, 〈병원도 물류회사도…일손 없어 문 닫는 일본〉, 조선일보, 2020. 1. 16.

· 윤상연, 〈농산물 사고 책도 대출…'드라이브 스루'의 진화〉, 2020. 3. 30.

· 이윤정, 〈추천하면 현금 보상 · 연봉 50% 인상… 핀테크 업체 "인재 없나요"〉, 조선비즈, 2020. 3. 14.

· 장종호, 〈사회적 거리두기 장기화에 호텔업계 변신…언택트 호캉스 등 선봬〉, 스포츠조선, 2020. 4. 10.

· 최인준, 〈인력난, 코로나 탓에 일본 '부업인재'가 뜬다는데〉, 조선일보, 2020. 7. 16

· Sharon Florentine, 〈'내부자 추천' 채용의 놀라운 가치… 분위기 조성 방법은?〉, CIO korea, 2016. 7. 20.

시니어 노마드

자녀에게 의지하지 않는 신중년

사람이 뭔가를 추구하고 있는 한 절대로 노인이 아니다.
– 진 로스탠드

What

JOB TREND

01 '여생'이 아니라 '일할 자유'를 찾는다

2020년에 '앙코르 시니어(Encore Senior)'가 급증했다면, 2021년에는 '시니어 노마드(Senior nomad)' 시대가 올 것이다. '앙코르 시니어'는 퇴직 후 경력을 바탕으로 의미 있는 활동을 하는 것을 말한다. '시니어 노마드'는 은퇴 후 자녀 양육 책임이나 생계에서 벗어나, 기존 노인의 가치관에 얽매이지 않고 끊임없이 새로운 자아를 찾아가는 것을 말한다. 고령화 시대의 시니어들은 은퇴 후에도 사회활동에 적극적으로 참여하며 인생 2막을 설계한다. 미국과 일본에서는 75세 이상 인구 중에서 병이나 허약 체질, 소위 노인병으로 일상생활을 할 수 없는 사람들이 전체의 5% 미만이라고 한다. 시니어들은 자신의 경험과 지혜를 바탕으로 은퇴 후에도 새로운 일자리를 탐색하거나 창출하고 있다. 예를 들면 최고령 유튜버, 시니어 패션모델, 사진작가 등 새로운 유형의 '젊은' 시니어들이 늘어나고 있다.

"오늘의 노인은 어제의 노인과 다르다"고 말한 미국 시카고 대학교 심리학과의 버니스 뉴가튼(Bernice Neugarten) 교수는 55세 정년 기준으로, 은퇴 이후의 시기를 3단계로 구분했다. 55~75세를 '영올드(young old)', 76~85세를 '올드올드(old old)', 그 이후는 '올디스트(oldest)'로 나누었다. 특히 '영올드 세대'는 이전 세대와 달리, 고학력, 풍부한 경험과 정보, 균형 감각 등을 지닌 새로운 노년층으로 사회의 주역이 될 것으로 전망했다. 인생 1막은 30년 동안 공부를 하고, 인생 2막은 30년 동안 생계를 책임지다 은퇴를 했다면, 인생 3막은 30년 동안 진짜 자신이 하고 싶은 일을 하다가 세상을 떠나는 것이다. 탄탄한 경제력을 바탕으로 적극적인 소비를 하는 50대 이상이 새로운 소비계층으로 부상하고 있다. 이들은 일반적으로 생각하는 노인의

시니어 노마드의 개념

	노마드 (nomad)	잡 노마드 (job nomad)	시니어 노마드 (senior nomad)
개념	'정착하지 않고 떠돌아다니는 유목민'이라는 의미로 정보기술의 발달로 등장한 21세기형 사람들	직업(job)을 따라 유랑하는 유목민이라는 뜻의 신조어로 과거의 직업 세계에 등을 돌린 사람들	직업의 활동성을 추구하는 경향에다 이동성에 대해서 까다롭게 구는 사람들
어원	1968년 프랑스 철학자 들뢰즈가 《차이와 반복》에서 '노마디즘(nomadism)'이라는 용어를 사용한 데서 유래	1990년대 말 독일의 미래학자 군둘라 앵리슈가 《잡 노마드 사회》에서 미래의 모습을 예측	'senior'와 'nomad'가 결합되어 은퇴 후 자유롭게 일하는 사람을 말함

모습에서 벗어나 은퇴 이후에도 능동적으로 하고 싶은 일을 찾아 도전하고, 적극적으로 사회활동에 참여한다. 나이 들었다고 뒤로 물러나 조용히 지내는 시대가 아니다. 시니어에게도 일자리가 필요하다.

'시니어 노마드'라는 키워드가 메가트렌드로 뜨는 이유는 디지털 노마드의 영향이기도 하다. 시니어 노마드는 시간과 공간의 제약에서 벗어나 스스로 시간을 디자인하고 원하는 장소에서 좋아하는 일을 하는 주체적인 삶을 원한다. 시니어 노마드는 디지털에는 강하지 않지만, 수동적으로 삶을 마감하려는 부류는 아니다. 그 누구보다 삶의 의미와 가치를 찾고, 자신의 경험과 지혜를 나누고 싶은 공유의 철학을 지니고 있다. 나이가 권력이 되던 시대도 지났다. 이제 나이를 따지지 않고 나이 자체를 잊어버리는 에이지리스(Ageless)가 메가트렌드이다.

02 시니어 노마드 시대 - 세계 동향

시니어 노마드 모델의 등장

미국 뉴욕에 사는 아이리스 아펠(Iris Apfel)은 모델 에이전시와 계약을 맺었다. 1921년생으로 99세의 나이에도 불구하고 인테리어 디자이너이자 패션 아이콘이 되었다. 남편과 함께 텍스타일 회사를 운영했던 아이리스는 1992년까지 전 세계를 돌며 다양한 텍스타일 패턴을 서구 사회에 소개해온 장본인이다. 또한 9명의 대통령 집권 시에 백악관 인테리어 작업에 참여하기도 한 실력자이자 유명 인사이다.

그녀가 100세를 앞둔 나이에 모델 에이전시와 계약하게 된 것은 실제 100세 시대가 도래했다는 현실을 반영하는 것이다.

'시니어 시크(Senior chic)'는 노화를 그대로 받아들이면서 감각적인 자기만의 패션 스타일과 취향을 지닌 세련되고 당당한 시니어 그룹을 말한다. 이들은 글로벌 에티켓을 갖추고 소셜미디어를 능숙하게 활용할 줄 알며 세대 간을 뛰어넘어 감각적으로 소통한다. 이들은 기존의 '어른'과는 차별화된 새로운 개념의 감각적인 어른들이다. 젊은 세대들도 따라 하고 싶어 하는 롤모델이 될 정도로 품격 있고 친구 같은 이미지로서 사회적인 트렌드로 확장되고 있다.

안티에이징(anti-aging)에서 웰에이징(well-aging)의 개념으로

2017년 미국의 유명 패션지 〈얼루어(Allure)〉는 더 이상 안티에이징(anti-aging)이란 표현을 쓰지 않겠다고 선언했다. 미셸 리 편집장은 "알게 모르게 이 표현은 노화를 우리가 싸워내야 하는 대상이라는 메시지를 강화하고 있다. 이번 호부터 '안티에이징'이란 표현을 쓰지 않기로 결정했다. 우리는 늙어감으로써 매일 충실하고 행복한 인생을 살아갈 기회를 얻는다"고 주장했다. 그는 "사람들이 '나이에 비해 예뻐 보인다'고 표현할 게 아니라 그냥 '멋지다'고 표현하면 좋겠다"고 덧붙였다.

안티에이징이라는 말에도 은연중 나이 듦에 대한 거부감이 들어 있다. 이제는 안티에이징에서 웰에이징(well-aging)의 시대로 바뀌는 추세다. 웰에이징은 노화를 자연스러운 현상으로 받아들이고 그에 걸맞게 건강을 유지하는 데 초점을 두는 것이다. 웰에이징은 웰빙에서 시작하여 웰다잉(Well dying)까지 확대되고 있다. 아름다운 엔딩은 시니어들의 꿈이다. 오래 사는 것이 목표가 아니다. 몸이 건강하고 마음이 행복하게 잘사는 것이 웰에이징이다.

시니어의 4가지 유형

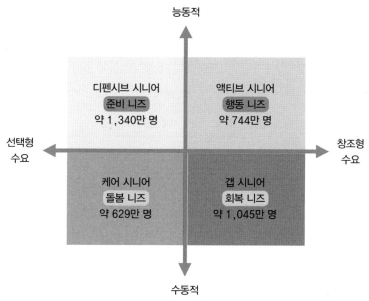

* 출처 : 일본 SP센터 시니어마케팅연구소

일본의 전체 고령자는 약 3,613만 명(2018년 기준)으로 추산되는데, 이 중에서 액티브 시니어는 약 744만 명으로 전체 고령자의 20% 내 외를 차지하고 있는 것으로 알려져 있다. 현재 일본에서는 이러한 고 령층이 내수를 주도하고 있으며, 그들의 소비도 점차 고급화, 다양화되고 있다.

고령층 직원을 현장 주역으로 적극 활용하는 기업도 있다. 올해 100세인 후쿠하라 기쿠에 씨는 일본의 4대 화장품 브랜드 폴라 오르비스(Pola Orbis)의 현역 판매원으로 활약 중이다. 2019년 9월 후쿠하라 씨는 '최고령 미용 판매원(beauty advisor)'으로 세계 기네스북에 올랐다. 2019년 기준 이 회사의 판매 직종에 근무하는 직원 4만 1,000여 명 중 45%는 50대다. 직영점 오너와 판매원 가운데 80대가 약 2,600명이나 되고 90대도 무려 300명이다. 이들은 주로 단가가 높은 시니어 대상 제품을 판매한다. 고령층 고객은 같은 세대 판매원들이 접객하면 대화를 나누기가 편하다. 일본 대형마트 업계는 아침 일찍부터 활동하는 시니어를 위해 매장 개점 시간을 앞당겼으며, 온라인 쇼핑 업계는 온라인 쇼핑몰 내 시니어 전용 코너를 확대하고 있다.

글로벌노화연맹(GCOA)은 "미국 기업의 15%는 고령화에 대한 비즈니스 계획을 준비 중이며 우리가 생각하는 '케어(돌봄)' 서비스에만 머무는 것이 아니라 삶의 전 영역으로 시장이 확대되고 있다. 스타트업과 로봇 등 첨단산업 분야에서도 고령화와 관련된 아이템이 부상하고 있다"고 밝혔다. 일본, 미국, 유럽연합(EU) 등의 시니어 소비자를 대상으로 자동차를 출시하는 토요타 자동차, 시니어 세대에 특화된 화장품을 생산하는 시세이도 등의 사례는 시니어 비즈니스가 확실히 조명받고 있다는 점을 보여준다.

자녀 양육을 마친 시니어 노마드들은 단순히 이동수단으로서 차량이 아니라 자신의 가치를 내보이고 싶어 하는 욕망이 숨어 있다. 종래에는 스포츠카나 화장품 하면 젊은 층이 구입하는 제품이라고 생각했지만, 최근에는 시니어들이 스포츠카나 화장품을 적극적으로 구입하는 경향을 찾아볼 수 있다. 시세이도, 가네보 등 일본 브랜드는 300여 가지의 시니어 전용 화장품을 출시하고 있다. 더 젊어 보이고 자신만의 라이프 스타일을 지키면서 풍요로운 삶을 즐기고자 하는 욕망으로 인해 앞으로 시니어 노마드의 라이프스타일이 강화될 전망이다.

시니어 노마드 시대 - 국내 동향

자식들에게 맡기지 않는 시니어 노마드 시대가 온다

"이제 자식들에게 제 인생을 맡기지 않아요. 좁은 공간에 갇혀 있다가 죽을 날만을 기다리고 싶지 않아요."

대한민국은 2018년 고령사회 진입, 2020년 베이비부머의 노인 세대 진입, 2024년 초고령사회 진입 등 초고령화가 급속하게 진행 중이다. 한국보건산업진흥원은 국내의 시니어 비즈니스 시장 규모가 2010년 33조 2,241억 원에서 2020년에는 124조 9,825억 원에 이를 것으로 전망했다. 2025년이면 전체 인구에서 노인 인구가 차지하는 비중이 20%, 즉 '천만 노인 시대'가 열린다. 그동안 내수시장 규모가 적다는 우려가 있었는데, 우리나라도 영국이나 독일, 일본 등 초고령 사회처럼 내수를 충분히 확보할 수 있는 여력이 생겼다. 경희대학교 노인학과의 김영선 교수는 초고령사회 진입으로 2020년 72조 원 규모인 국내 고령 친화산업 규모가 2030년이면 128조 원으로 성장할 것으로 전망했다.

미래에셋 은퇴 라이프 트렌드 조사 보고서(2019)

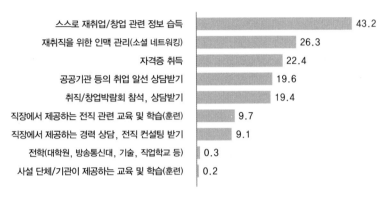

대상: 퇴직 전 재취업을 준비한 1,266명

미래에셋은퇴연구소(MIRAE ASSETRetirement Institute)가 발간한 《미래에셋 은퇴 라이프 트렌드》(2019년)에 따르면, 50대는 52.2세, 60대는 56.9세에 퇴직했으며, 5060 퇴직자 10명 중 8명은 다시 일자리를 구했다. 재취업자의 절반은 두 번 이상 일자리를 옮겼으며, 세 번 이상 옮긴 경우도 24.1%에 달한다. 퇴직 후에도 일자리를 이리저리 옮겨 다니는 '5060 일자리 노마드족'이 탄생한 것이다.

신한카드 빅데이터 연구소는 2020년 국내 소비 트렌드로 'INSIDE'를 제시했다. 귀차니즘 소비(I), 큐레이션 마이라이프(N), 마이 데이터 수집가(S), 팝업 경제(I), 디지털 힐링(D), '젊은 취향의 시니어(E)' 등 각각의 의미를 담은 영문 머리글자를 따온 것이다. 특히 젊은 취향의 '뉴 시니어'를 'Especially Lively Senior'라 일컬었고, 이를 축약해 '시니블리(Senively)'라고 표현했다.

에이지리스, 그야말로 나이를 떠나 트렌드의 중심이 된 그들의 소비에 주목해야 하는 이유다. 이러한 시니어의 특성에 따라 젊은 세대와 중장년 세대의 소비 경계가 모호해지면서, 일부 기업은 전 연령대를 아우르는 '에이지리스' 브랜드를 만들어 시니어 모델을 내세우기도 했다. 나이가 파괴되는 '에이지리스' 현상이 이 시대 소비문화의 핵심으로 자리하고 있다. 중년의 전유물이라고 여겨졌던 안티에이징에 관심을 가지는 20대, 캐주얼만 골라 입고 날씬하고 건강한 몸을 위해 건강기능식품을 챙겨 먹는 40대 등 패션과 생활 방식, 소비 성향 등에서 나이의 경계가 사라지고 있다. 중장년층의 고민으로만 느껴졌던 탈모도 나이를 불문하면서 기능성 두피 관리 제품도 주목받고 있다.

2021년 74세가 되는 박막례 할머니는 명실상부한 '유튜브 스타'로 국내외 구독자 수 112만 명에 조회 수 2억 뷰를 눈앞에 두고 있다. 2019년 3월 〈전국노래자랑〉을 통해 '할담비'란 별명을 얻은 지병수 할아버지, 83세의 최고령 '먹방 유튜버' 김영원 할머니 등이 스타 반열에 이름을 올렸다. '실버 모델'도 두각을 나타내고 있다. 순댓국밥집을 운영하던 김칠두 씨는 70세가 넘은 나이에 패션계에 입문해 시니어 모델 열풍을 일으켰다.

'시니어 노마드' 트렌드는 나이를 떠나 수평적 문화를 받아들이고 있고, 주니어는 유튜브와 블로그, 인스타그램, 페이스북 등에서 강력한 힘을 발휘하고 있다. 주니어를 어리다고 얕보면 안 된다. 또래만이 아니라 나이를 초월해서 소통할수록 세대 간의 간극이 줄어들 수 있다.

멋있게 늙고 싶다는 젊은이들도 늘고 있다. 전 세계적으로 고령화 사회에 진입하면서 고령층이 각종 산업의 주요 소비층으로 떠오르면서 '그레이네상스'의 힘을 여실히 보여주고 있다. 그레이네상스(Greynaissance)란 백발이라는 뜻의 그레이(grey)와 르네상스(renaissance)를 합친 용어로, 사회 전반적으로 실버 소비자의 파워가 커지고 있다는 것을 의미한다. 시니어 노마드는 자기다움을 찾아가는 경향과도 맞물려 있다. 이들은 경제적으로나 시간적으로 여유로우며 일과 삶의 만족도도 높아서 소비에도 관대하다.

KB금융지주 경영연구소의 〈2019 한국 1인 가구 보고서〉에서도 '현재의 중장년층도 젊은 세대만큼 디지털을 잘 활용한다'는 항목에서 '그렇다'고 응답한 비율(전 세대)이 55.3%인 것으로 조사됐다. 젊은 세대 못지않게 디지털 서비스 이용에 익숙한 시니어가 증가하고 있는 것이다.

저출산·고령화에 따른 인구구조 변화가 중장기적으로 아이돌 중심의 대중문화 트렌드를 중장년층 중심으로 바꿔놓을 가능성이 높다. 시간적인 여유와 경제적인 여유를 가진 50~60대의 새로운 어른들로 사회적 무게중심이 옮겨지고 있다. 바로 시니어 노마드의 반격이다. 기존에는 자식에게 재산을 물려주거나 일에서 손을 떼는 경향이 많았으나, 이제는 자산관리의 중요성에 눈을 떴다.

넉넉한 자산과 소득을 기반으로 한 시니어 세대가 핵심 소비 주체로 떠오른 것은 우리나라뿐만 아니라 일본, 미국, 유럽연합(EU) 등 다른 나라도 비슷하다. 과거의 고령층과는 달리 소비 여력이 충분한 향후 시니어 세대는 기업에 다양한 비즈니스 기회를 제공할 전망이다. 시니어 비즈니스는 의약품 및 의료기기, 식품, 화장품, 생활용품, 금융, 요양, 주거, 여가 등 다양한 산업을 망라하고 있다. 우리나라보다 앞서 고령사회에 진입한 선진국의 기업들은 다양한 시니어 비즈니스를 발굴해 시장을 개척하고 있다. 특히 이들은 '노인 전용'을 전면에 부각하기보다는 눈에 보이지 않는 곳에서 고령층의 불편을 해소하는 것을 지향하고 있다.

04 시니어 노마드의 5가지 특징

시니어 노마드의 특징은 기존 시니어의 개념을 거부하고 새로운 자유를 보여주는 것이다. 시니어 노마드의 5가지 특징은 다음과 같다.

1. 기존 시니어의 개념에서 자유로워져라!

시니어 노마드는 기존 시니어보다 물질적으로 풍요로운 데다 무시할 수 없는 열정을 가지고 있다. 수동적 시니어에서 적극적 시니어로 특히 미래 지향적 시니어 노마드로 변하고 있다.

2. 과거의 기억을 버리고 새로운 기억을 상상하라!

"내가 왕년에 말이야"라는 생각을 버리고 과거에 연연하지 않는다. 나이 들수록 마음을 넓게 가지고 포용하는 훈련을 해야 한다. 서드베리(Sudbury)와 심콕(Simcock)의 2009년 연구에 따르면 시니어 소비자는 자신의 나이를 실제 나이보다 6~12년 젊게 인식한다고 한다. 기존 시니어는 인생의 황혼기였으나 요즘 시니어는 새로운 인생의 시작이다.

3. 자식들에게 의지했던 삶에서 벗어나 독립을 추구하라!

옛날에는 죽기 전에 자식에게 재산을 물려주는 경우도 있었으나 요즘 시니어 노마드는 재산을 쉽게 물려주지 않는다. 활동이 많기 때문에 자식들에게 의지하지 않고 독립적인 삶을 추구한다. 옛날에는 자녀 세대에 의존하기 위해 자녀에게 상속했다면, 요즘 시니어 노마드는 스스로 자신의 노후를 위해 사용한다.

4. 일의 강도를 줄이고 유연한 일자리를 찾아라!

시니어 노마드가 아무리 건강하더라도 주니어보다 지속적으로 강도 높은 일을 하기 어렵다. 고령자에 적합한 유연한 일자리를 찾는 것이 좋다. 영화 〈인턴〉처럼 '시니어 인턴'도 늘어나고 있다. 보통 3개월간 인턴십 과정을 이수하고 1년간 계약을 맺는 경우도 있다. 일의 강도를 줄여야 건강을 지키면서 일할 수 있다.

5. 여러 분야를 넘나드는 자유를 추구하라!

시니어 노마드는 한 분야에 안착하기보다는 여러 분야를 넘나들수 있는 것을 선택한다. 다양한 취미와 운동, 소일거리, 교육 등 여러 분야를 넘나들며 새로운 삶을 탐구하는 여정이다. 시니어의 욕망을 잘 이해하는 것은 차후 채용 트렌드에서 매우 중요한 부분을 차지할 전망이다.

참고문헌

· 김보라, 〈박막례 할머니 · 김칠두 패션모델 · 할담비…실버세대, 대중문화 한축으로〉, 한국경제, 2019. 12. 23.
· 장서윤, 〈[투자 큰손, 액티브 시니어 ①] 新 소비층 핵심된 액티브 시니어〉, 이코노믹리뷰, 2020. 4. 11.
· 홍수민, "〈'안티에이징' 표현 안 쓰겠다" 美 유명 패션지 편집장의 선언〉, 중앙일보, 2017. 8. 21.
· 김홍기, 〈시니어 시크의 시대, 브라보마이라이프〉, 2019. 2. 26.
· 하미리, 〈내 나이가 어때서…日 시니어, 다시 소비 주도계층으로〉, 위클리비즈, 2020. 4. 3
· 유준호, 〈"美기업 15%는 시니어산업서 기회 엿봐"〉, 매일경제, 2020. 7. 27.
· 이지혜, 〈젊은 취향의 시니어, 소비 트렌드를 이끌다〉, 브라보마이라이프, 2020. 4. 16.
· 윤용현, 〈[백경진 교수의 FBI(Fashion Beauty Insight)] 화장품 시장에서의 시니어 시프트(Senior Shift)〉, 비티앤마이스뉴스, 2019. 4. 25.
· KB금융지주 〈경영연구소 1인 가구 연구센터, '2019 한국 1인 가구 보고서'〉, KB금융지주 경영연구소, 2019. 6. 23
· 2019 미래에셋 은퇴 라이프 트렌드 조사 보고서, 〈5060 일자리 노마드族이 온다– 5060 퇴직자의 재취업 일자리 경로 분석〉, 미래에셋은퇴연구소, 2019. 4. 15.

Part 3

How

업종별
채용 트렌드 현황

비대면 시대,
어떻게 준비할 것인가

코로나로 인해 채용 시장의 미래는 불투명하다. 일자리가 줄어
들고 위기가 계속되면 구직자들은 쉽게 의기소침해지기 쉽다.
기업은 불황기일수록 긍정적이고 밝으며, 당당하고 투지에 넘치
는 인재를 찾게 마련이다. 우울하고 어두운 소식이 쏟아지고 힘
든 상황이 계속되도 자신감을 유지해야 한다. 이럴 때일수록 분
명하게 목표를 정한 후 지원 업종에 대해 꼼꼼히 분석하고 준비
하자.

How

---

01 대한민국 기업은 지금 인재상 수정 중

직업의 변화는 그 사회의 변화를 반영하는 거울이다. 코로나19의 확산을 방지하고 직원을 보호하기 위해 기업은 원격근무 환경을 채택했다. 가트너(Gartner.com)에 따르면 코로나의 영향으로 기업 조직의 32%는 비용 절감을 위해 정규직 직원을 비정규직 직원으로 대체하고 있다. 앞으로 기업들은 비정규직 근로자를 지속적으로 고용하여 인력 유연성을 향상할 것이고, 직원의 역할보다 직원의 기술에 더 집중할 것이다. 코로나19로 산업 환경이 달라짐에 따라 새로운 직업이 생겨나고 기존의 직업은 사라지고 있다.

현재 우리나라의 직업은 몇 개나 될까? 최근 우리나라의 직업을 집대성한 《한국직업사전 통합본 제5판》(한국고용정보원, 2020)을 보면 무려 1만 6,891개가 등재되었다. 디지털화에 따른 빅데이터 전문가,

Part 3 How 업종별 채용 트렌드 현황 245

블록체인 개발자, 인공지능 엔지니어, 드론 조종사, 디지털문화재복원전문가 등이 새롭게 등장했다. 또한 고령화, 저출산, 1인 가구 증가 등 인구학적 변화에 따라 유품정리사, 애완동물행동교정사, 애완동물장의사, 수납정리원, 임신육아출산코치 등이 새로운 직업으로 등록됐다. 소비자 요구 강화, 안전 강화, 스트레스 증가, 체험활동 증가 등 사회환경 변화로 모유수유전문가, 범죄피해자상담원, 산림치유지도사, 주거복지사, 게임번역사, 스포츠심리상담사, 직업체험 매니저 등이 새롭게 이름을 올리기도 했다. 하지만 플라즈마 영상 패널 관련 생산직, 영화(필름)자막제작원, 필름색보정기사, 테니스 라켓 제작 관련 직업은 더 이상 종사자가 없어 《한국직업사전》에서 삭제됐다.

2014년 6월, TV 디스플레이로 쓰이던 플라즈마 영상 패널(PDP)의 생산이 중단되면서 플라즈마영상패널격벽형성원 등 11개 직업이 사라졌다. 디지털카메라 등 디지털기기 보급 확대로 영화 제작에서 필름이 사라지고 디지털 작업에 3DMAX, BIM 등 소프트웨어 활용이 일반화되면서 과거 수작업으로 이루어지던 영화(필름)자막제작원, 필름색보정기사도 자취를 감췄다. 다만 영화필름 현상원 및 인화원은 필름영화 복원 작업에서 아직 소수가 활동 중이다.

2021년 채용 트렌드에서는 기업이 원하는 인재상도 급변하고 있다. 기업 인사 담당자 절반이 '불황기 기업이 필요로 하는 인재상은 평소와 다르다'고 답했다. 경기가 좋을 때는 채용 시 지원자의 성실성을 우선적으로 평가하지만, 불황기에는 지원자의 긍정성을 가장 높이 평가한다. 잡코리아가 국내 기업 578개사의 인사 담당자를 대상으로 '불황기 기업이 필요로 하는 인재상'에 대해 설문 조사를 진행한 결과 "불황기 기업이 필요로 하는 인재상은 평소와 다를까?"라는 질문에 참여한 기업 중 49.7%가 '다르다'고 답했다(대기업 인사 담당자 47.3%, 중견기업 인사 담당자 62.4%, 중소기업 인사 담당자 47.2%). 국내 기업 인재상에 등장하는 공통적인 키워드 24개를 보기 문항으로 '불황기 신입 및 경력직 채용 시 중요하게 평가하는 요건'에 대해 조사한 결과, '긍정성'을 꼽은 인사 담당자가 48.8%(복수 선택 응답률)로 가장 많았다. 이어서 성실성(46.3%), 끈기(44.9%), 책임감(30.3%), 적극성(22.3%), 도덕성(20.6%), 리더십(19.5%), 실행력(18.8%) 순으로 높이 평가하는 기업이 많았다.

불황기에는 신입 및 경력직 채용 시 직원들의 단합을 도모하고 위기 관리 능력이 높은 인재가 각광받는 경향이 있다. 이에 불황기에 직원을 채용할 때 긍정성이나 끈기, 실행력 등의 요건을 중요하게 평

2021년 채용 트렌드 인재상의 변화(코로나19 이후)

가하는 기업들이 많다. IMF, 금융위기, 메르스, 코로나19 등 위기가 있었고, 그것을 극복하면서 일자리가 늘어났다. 결국 위기는 기회이다. 그러기 위해서는 달라지는 인재상을 읽어야 한다. 어려움에 봉착했을 때 이를 극복하지 못하면 제아무리 규모가 크고 견고한 기업이라도 살아남을 수 없다. 채용이 결원 인력에 대한 '충원'이라는 소극적인 개념도 있지만, 반대로 회사의 미래를 위한 '투자'의 의미도 있다. 채용 부진에 따라 자칫 성장동력을 잃을 수도 있으므로 주의해야 한다.

특히 조직에 활력을 주고 새로운 기술로 무장된 신입사원은 기존 인재상과 달라야 한다. 우울한 현실과 당혹스러운 어려움을 뚫고 나갈 수 있는 긍정적이고 도전적인 인재, 재택근무 상황에서도 책임감을 갖고 성실히 일할 인재가 필요한 것이다. 채용 과정에서 부정적인 시련이나 위기 상황을 잘 극복했던 긍정성과 도전정신을 내세우고, 책임감과 끈기를 경험을 통해 어필한다면 좋은 결과가 있을 것이다. 경기가 좋을 때는 다양하고 개성 있는 지원자까지 손을 뻗치며 공격적인 인재 확보에 나섰다. 하지만 그렇지 않은 시기에는 인재 채용에서도 보수적인 경향이 된다는 점도 알아두어야 한다. 톡톡 튀는 인재보다는 끈기 있고 성실한 인재, 똑똑한 인재도 좋지만 충성도 높은 인재를 더 선호하게 된다. 여기에는 이직에 따른 채용 비용도 한몫한다.

해당 산업의 최신 트렌드를 읽는 것은 필수이다. 해당 업종을 이해하지 못하면 이제 취업하기 어렵다. 좁디좁은 채용의 문을 열기 위해서는 지원하는 분야의 산업 변화, 기술 동향, 소비자 성향, 정부 정책 등을 비롯해 회사의 완제품을 꿰뚫어야 한다. 각 업종별 채용 전망은 어떠한지 확인해야 한다. 시대와 산업의 변화에 따라 인력 수요는 앞으로 계속 변화된다. 남이 주는 정보를 그대로 받기만 해서는 안 된다. 스스로 업종별 인력 수요를 찾아봐야 한다. 산업 현황을 포함한 전체 경제 현황을 파악하면서 거시적 안목을 갖고 준비해야 한다. 아무리 건설 업종에 입사하는 것이 목표라고 해도 건설이 불황일 때는 취업 전략도 수정해야 한다.

코로나19 확산으로 취업문이 좁아진 가운데 2020년에는 업종별 채용이 양극화된 것으로 나타났다. 여행·항공업계에서는 역대 가장 낮은 채용 계획을 세운 반면 금융보험 및 정보통신 등 비대면 서비스 확장에 따른 일부 업종들에서는 신규 인력 선발에 대한 기대감을 보여주고 있다. 인크루트가 상장사 530곳의 인사 담당자를 대상으로 2020년 하반기 대졸 신입사원 업종별 채용 계획을 조사한 결과 '대졸 신입사원을 1명이라도 뽑겠다'고 밝힌 상장사는 57.2% 정도로 지난해 66.8%에 비해 9.6%p 떨어졌다. 업종별로도 전년 대비 일제히 마이너스를 기록했는데, 각 분야별로는 차이를 보였다. 조사 업종 15개 가운데 금융·보험(64.1%), 전자·반도체(63.3%), 정보·통신(61.1%), 의료·간호(60%), 운수·운송(59.2%) 총 5개 업종에서만 평균을 웃도는 채용 계획을 세운 것으로 집계됐다.

인크루트는 각 업종별 채용 계획 배경을 다음과 같이 추측했는데 금융·보험업은 온라인 뱅킹 및 핀테크 산업 성장에 따른 신규 인력 선발 기회가 있는 분야이며, 전자·반도체 및 정보통신의 경우 언택트에 따른 IT기술 활약으로 새 일자리가 늘 것으로 기대되는 업종으로 내다보았다. 의료·간호·보건·의약의 경우 방역과 백신 개발,

운수·운송은 비대면 서비스 확장에 따라 각각 성장세를 보이고 있다. 공통점은 모두 코로나19 관련 사업 호재와 수혜를 맞은 산업이라는 점이다. 기존 생활 밀착 업종에서 공급과 수요의 불균형으로 일자리 미스 매칭 현상이 있긴 했지만 코로나19 이후 언택트 문화가 확산되면서 온도 차는 더 심해진 것으로 해석된다. 2021년에는 업종별 대졸 신입 일자리 전망에서 희비가 갈릴 것으로 보인다. 기업들의 채용 규모가 동결되거나 줄어들더라도 자신이 원하는 업종이라면 미루지 말고 우선 취직하는 것이 좋다.

02 주요 업종별 채용 전망

전자 업종

2021년에는 전자 업종에서 가장 큰 변화가 예상된다. 언택트로 인한 재택근무, 온라인 쇼핑, 원격의료, 원격교육, OTT(Over The Top, 기존 통신 및 방송사가 아닌 새로운 사업자가 인터넷으로 드라마나 영화, 각종 강의, 1인 방송 등 다양한 미디어 콘텐츠를 제공하는 서비스) 등 4차 산업혁명의 바탕이 되는 기술 확산이다. 방역과 경기 부양 과정에서 정부의 역할이 증폭되었다는 것이다. 이에 더해 서서히 진행되던 글로벌화의 퇴조와 리쇼어링(Reshoring, 비용 절감 등의 이유로 국외로 생산기지를 옮겼던 기업이 다시 본국으로 돌아오는 현상), 신생국 위기, 그린 뉴딜, 산업구조 재편과 기업 집중, 일자리 전환 및 공동체 재정립 요구의 가속화가 있다. 5세대 이동통신의 본격 도입으로 다소 회복세를 보일 것으로 전

전자 업종 일자리 증감 추이

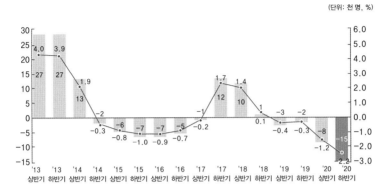

(단위: 천 명, %)

* 출처 : 한국고용정보원

망된다. 하지만 미국, 중국 등 경쟁국과의 경쟁 심화, 해외 생산 확대 등의 영향으로 국내 관련 산업 성장세는 제한적일 것으로 예상된다. 전자 업종의 고용은 2020년과 비슷한 수준으로 전망되며, 2021년 상반기 고용 규모는 전년 동기 대비 0.1%(1,000명) 증가할 전망이다.

LG전자는 코로나19로 2020년 상반기 공채를 진행하지 못했다. 구광모 회장 취임 후 LG전자 등 일부 계열사는 정장 차림에서 벗어나 청바지 등 간편하고 가벼운 옷차림으로 근무하는 '캐주얼 데이'를 확대 운영하는 등 점차 격식을 벗어나 개방적이고 자유로운 조직문화로의 전환이 이뤄지고 있다. LG그룹이 신입사원 정기공채를 폐지하고, 2020년 하반기부터 현업 부서가 원하는 시점에 채용 공고를 내고 필요한 인재를 직접 선발하는 연중 상시채용으로 전환했다. 대규모 정기공채에서 중요했던 영어 성적 등 이른바 스펙보다 실제 업무에 필요한 직무 역량과 전문성을 중심으로 선발한다. 수백 명이 한데 모여 시험을 치르는 전형 자체가 어려워진 상황이다.

이번 채용 개편안의 핵심은 신입사원 70% 이상을 채용 연계형 인턴십으로 선발한다는 것이다. 단순히 직무 중심으로 수시채용하는 것에서 벗어나 직무에 대한 만족도와 적응력, 관심 등을 종합적으로 판단하겠다는 취지다. 적어도 한 달가량 같이 근무하면 지원자들의 직무 적합도까지 평가할 수 있다는 판단에 따라 LG는 채용 연계 인턴 기간을 평균 4주가량으로 운영할 방침이다. LG화학 전지사업본부와 생명과학사업본부가 채용 연계형 인턴십 공고를 낸 것을 시작으로 계열사별로 채용 연계형 인턴십 비중을 늘려나갈 예정이다.

반도체 업종

2020년 수요 개선과 제한적 공급 증가에 따라 2019년에 비해 개선될 것으로 예상된다. 메모리 부분은 2019년 대비 13.9% 성장할 것으로 예측되며 시스템 반도체 시장 역시 안정적인 성장세를 지속할 것으로 보인다. 하지만 시스템 반도체 시장에서 한국이 차지하는 비중은 여전히 낮은 수준에 머물러 있으며 D램과 낸드 플래시 메모리의 가격 상승이 제한적일 것으로 전망된다. 이에 반도체 업종 고용은 전년 동기와 비슷한 수준을 유지할 것으로 예상된다. 2021년 상반기 고용 규모는 전년 동기 대비 0.4%(1,000명) 증가할 것으로 예상된다.

SK하이닉스는 실제 채용 담당자가 직무 정보, 자기소개서 작성 팁 등을 제공하는 것은 물론 유튜브를 통한 실시간 Q&A를 통해 취준생들의 궁금증을 해결하고 있다. 2020년 하반기 신입사원 채용 면

반도체 업종 일자리 증감 추이

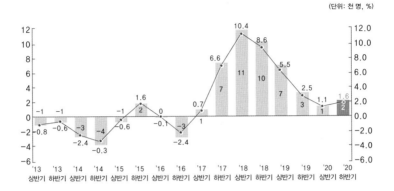

(단위: 천 명, %)

접을 온라인으로 진행하면서 면접 후에는 지원자들에게 '면접 피드백'을 준다. 지원자들이 객관적으로 자신의 면접에 대해 분석하고 다른 기업 면접 때 도움을 주기 위한 것이다. SK하이닉스는 소자, 공정 R&D, 프로덕트 엔지니어링 3개 직무 채용에 무게중심을 두었다. 이들 직무에 대한 정보는 'SK하이닉스 뉴스룸'에 나와 있다.

SK Careers 채널에 올라온 '2020 하반기 SK하이닉스, 무.물.백.답 = 무엇이든 물어보면 백번 말해줌' 영상은 SK 채용 캐스터인 김가영 아나운서의 진행으로, SK하이닉스 채용 담당자 김현서 TL이 실제 취업준비생들의 질문에 답하는 형식으로 진행됐다. 김 TL은 우선 서류전형에서 가장 중점적으로 보는 부분으로 '직무에 대한 전문성'을 꼽았다. 김 TL은 "가지고 있는 역량을 다 어필하는 것이 좋지만, 가장 중요하게 보는 부분은 직무에 대한 전문성"이며, "그렇다고 엄청난 지식을 요구하는 것은 아니고, 직무와 관련된 교과목 수강, 자격증 취득, 대외활동이나 인턴 등이면 충분하다"고 설명했다. 이어서 그는 "주의할 점은 거짓말을 하지 않는 것이다. 서류에서 통과하더라도 면접에서는 다 들통나게 되어 있다. 자신의 경험이 충분히 특색 있다고 믿고 같은 이야기라도 다르게 표현하는 방법을 고민하면 좋을 것"이라고 조언했다.

김 TL은 "대학 생활을 하면서 다양한 경험을 할 수 없다는 것을 알고 있다"며 "한 가지 경험이라도 거기서 느낀 부분, 다양한 인사이트를 이끌어낼 수 있다면 전혀 문제될 것이 없다"고 강조했다. 아울러 김 TL은 신입사원을 채용하는 만큼 직무 능력보다 태도가 중요하다고 강조했다. 김 TL은 "저희 인재상은 크게 기술 역량, 사고력 & 실행력, 협업 능력 3가지"라며 "직무 능력은 좀 부족하더라도 태도가 좋다면 협업능력이 뛰어날 수 있다는 것"이라고 설명했다. 이어 "기술 역량은 입사 후 사내 교육을 통해 충분히 키울 수 있다"며 "3가지 역량을 다 갖추지 못했다고 해서 전혀 주눅 들 필요가 없다"고 목소리를 높였다.

이외에도 채용 직무에 대한 현직자들의 설명, 필요한 역량 등 정보 공유 영상도 게재돼 있다. 유튜브를 통한 댓글 Q&A도 진행할 예정이다. 아울러 SK하이닉스는 2020년 하반기 채용 과정에서 면접 시간 마지막 3~5분을 면접자들의 피드백 시간으로 할애한다. 취준생들에게 객관적인 판단을 제공해 이후에도 도움이 될 수 있도록 하기 위함이다. 이석희 SK하이닉스 사장은 "누구도 예측하지 못한 코로나19 팬데믹은 진정한 '4차 산업혁명'이 도래하는 변곡점이 될 것"이라며 "미래 기술의 시작이자 그 자체로 기술의 집약체인 반도체 기업으로서 더욱 차별화된 '기술 혁신'을 통해 변화의 흐름에 대응하고 세상에 기여하겠다"고 말했다.

디스플레이 업종

디스플레이 시장은 액정표시장치(LCD) 시장 축소와 유기발광 다이오드(OLED) 성장 흐름이 지속되는 가운데 2020년에는 중국의 물량 공세에 대한 출구 전략으로 단행한 사업 구조 전환이 마무리 단계에 접어들면서 국내 디스플레이 업종의 실적 개선이 기대된다. 2020년에는 5세대 이동통신 스마트폰 보급의 본격화도 디스플레이 수요 회복에 긍정적인 영향을 미쳤다. 하지만 구조 전환 과정에서 액정표시장치 생산라인을 일부 폐쇄하였고 가격 하락으로 유기발광 다이오드 디스플레이 수출 증가에도 불구하고 디스플레이 전체의 생산과 수출은 감소할 것으로 예측된다. 이에 따라 디스플레이 업종의 고용은 전년 동기와 비슷한 수준을 보일 것으로 예상된다. 2021년 상반기 고

디스플레이 업종 일자리 증감 추이

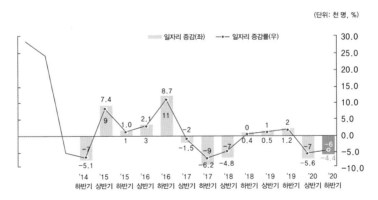

(단위: 천 명, %)

* 출처 : 한국고용정보원

용 규모는 전년 동기 대비 0.4%(1,000명) 감소할 전망이다.

삼성디스플레이, 삼성전자, 삼성전기, 삼성SDI, 삼성SDS 등 삼성 그룹은 2020년 공채에서 코로나 여파로 삼성직무적성검사(GSAT)를 온라인으로 진행했다. 삼성은 최악의 취업난 속에 일자리 창출에 총력을 기울이겠다는 회사의 의지를 반영해 하반기에도 계속 공채를 예정대로 진행 중이며, 대내외 불확실성과 코로나 팬데믹 등 여러 가지 어려운 상황에서도 당초 약속한 투자와 고용을 이어가고 있다. 이재용 삼성전자 부회장은 2018년 경제 활성화와 일자리 창출, 신산업 육성을 위해 3년 동안 총 180조 원 규모의 투자와 4만 명 신규 채용에 나서겠다고 발표했다. 삼성의 신규 채용 규모는 2020년까지 4개년 목표치(4만 명)의 100% 이상 달성할 것으로 보인다.

기계 업종

미국, 인도 등 주요 수출국의 기반시설 투자 확대에 따라 수출이 증가하지만 대외 불확실성 지속으로 수출 성장세는 둔화될 것으로 전망된다. 기계업계는 제품 수요가 많은 유럽연합(EU)과 미국에서 코로나19 확진자 수가 크게 증가해 이동 제한 조치 등이 내려져 현지 영업을 진행하는 것이 어려운 상황이다. 기술인력을 파견해 사후관리 서비스를 진행하거나 기술영업을 하는 특성상 한국인 입국 제한과 현지 이동 제한 조치로 매출에 타격을 입고 있다. 독일에서 생산하는 유압기 등 일부 부품 조달에 심각한 영향을 끼칠 가능성이 있어 부품 조달처를 다양하게 확대해서 알아보고 있는 상황이다. 국내 기계 수요는 정부 주도 기반시설 투자 증대, 전년 대비 기저 효과 등으

기계 업종 일자리 증감 추이

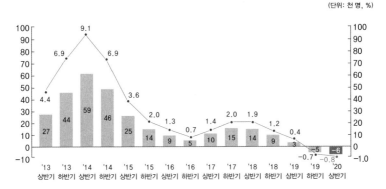

(단위: 천 명, %)

* 출처 : 한국고용정보원

로 증가가 예상되나 민간주택 건설 부진 등의 영향으로 증가 폭은 제한적으로 전망된다. 이에 따라 기계 업종 고용은 전년 동기와 비슷한 수준을 유지할 것으로 예상된다. 2021년 상반기 고용 규모는 전년 동기 대비 0.8%(6,000명) 감소될 전망이다.

한국 건설기계 1위인 두산인프라코어는 중동 대형 고객사를 상대로 건설기계를 연이어 수주하는 성과를 올렸다. 두산인프라코어는 사우디아라비아 건설업체가 진행한 대형 굴착기 입찰에서 유수의 글로벌 건설기계 회사를 제치고 50톤급 굴착기(DX520LCA) 10대에 대한 수주 계약을 체결했다. 이번 입찰에서 고객사 수요에 최적화된 50톤급 굴착기를 제시했으며 특히 성능, 가격, 서비스 등에서 높은 평가를 받은 것으로 알려졌다. 고객사는 두산인프라코어 장비에 대한 만족도가 높아 사우디 리야드 지역에서 진행 중인 대규모 건설 프로젝트에 다양한 두산 건설기계들을 투입하고 있다. 앞서 2020년 상반기에도 두산의 굴절식 덤프트럭(ADT) 10대를 구입한 바 있으며, 70톤급 굴착기와 휠로더, ADT 등 이번 신규 구매를 포함해 총 50여 대의 두산 장비를 운용 중이다. 중동 건설기계 시장은 최근 유가 및 코로나19 여파로 침체된 상황이지만 두산인프라코어는 경쟁력 있는 신제품을 출시하고, 고객 맞춤형 통합 서비스 솔루션 '두산케어' 활동을 적극 전개하는 등 대형 고객 확보에 노력을 기울이며 10% 이상의 시장점유율을 유지하고 있다.

현대건설기계는 아프리카 북서부 지역 국가인 알제리에서 3.3톤급 중소형 디젤엔진 지게차 등 산업 차량 100여 대를 수주했다. 하지만 코로나19 팬데믹으로 힘든 상황에 놓여 있는 기계업체들이 부품 조달과 2021년 매출 전략 수정에 총력을 기울이는 모양새다.

조선 업종

2020년은 최악의 시기로 강도 높은 구조조정을 하고 있다. OECD와 중국의 경기선행지수가 저점에서 벗어나는 등 최악의 상황은 지나갔지만 일감 없는 조선업계 입사는 여전히 좁은 문이다. 국내 조선 3사 가운데 2020년 하반기 채용 일정을 확정 지은 곳은 단 한 곳도 없다. 글로벌 시황이 불투명해지면서 일거리 확보가 정체되고 있기 때문이다. 국내 조선 3사인 현대중공업, 삼성중공업, 대우조선해양이 뭉쳐서 카타르 국영석유회사와 총 100척 이상의 LNG(액화천연가스) 운반선 건조 수주에 성공해 2021년은 소폭 증가될 전망이다. 미 · 중 무역분쟁이 완화됨에 따라 관망세를 보이던 선주들의 발주도 증가할 것으로 전망된다. 국제해사기구의 강화된 환경 규제 시행 역

조선 업종 일자리 증감 추이

(단위: 천 명, %)

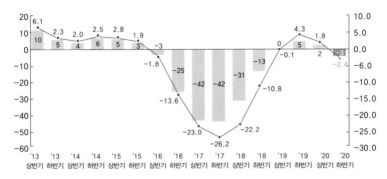

* 출처 : 한국고용정보원

시 국내 조선사의 실적 개선에 기여할 것으로 보이며 지연되었던 카타르 대규모 액화천연가스 운반 선발주가 2020년에 실현되고 노후 선박 교체도 이루어질 것으로 예상됨에 따라 조선 업종 고용은 전년 동기 대비 증가할 것으로 보인다. 2021년 상반기 고용 규모는 전년 동기 대비 3.8%(4,000명) 증가할 것으로 예상된다.

현대중공업그룹은 코로나 여파 속에서도 2020년 6월 말 채용을 실시했지만 확정이 늦어지고 있는 상황이며, 2020년 9월 진행한 하반기 우수 인재 채용은 서울대, 연세대, 고려대 등 출신 대학에 따라 지원 자격을 다르게 해서 문제가 되기도 했다. 현대중공업의 대우조선해양 인수합병은 2019년 1월 수면 위로 떠올라 3월 본계약 체결로 공식화되었지만 카자흐스탄, 싱가포르는 합병 승인이 나왔고, 우리나라와 유럽연합을 비롯해 일본, 중국 등의 심사가 늦어지고 있다. 대우조선해양은 지난 2014년 이후 아예 신입사원이 끊겼다. 2018년 일부 인력을 뽑긴 했지만 결원 보충의 수시채용에 그쳤다. 해마다 200명씩 뽑던 신입사원 공채는 옛 이야기가 됐다. 오히려 희망퇴직과 순환휴직 등 인력 구조조정만 계속되는 현실이다. 그나마 삼성중공업은 상반기 채용 절차를 마치고 결과 발표를 앞두고 있지만 하반기는 기대하기 어렵다. 당초 업계에선 카타르 LNG선 수주를 계기로 고용도 늘어날 것으로 기대했으나 글로벌 선사들의 발주 자체가 지연되면서 채용 계획도 미뤄지거나 재검토에 들어가는 분위기다. 2020년 상반기 글로벌 시장에서 수주한 선박은 226척으로 전년 대비 58%나 줄었다. 조선업계는 "코로나19 여파로 인해 하반기 일감 확보에 대한 우려감이 더 커진 상황이고 신규 수주가 살아나지 않으면 당분간 인력 충원은 어려울 수밖에 없다"고 밝혔다.

금융·보험 업종

기업 대출은 증가하지만 정부의 주택 대출 규제 등의 영향으로 개인사업자 및 가계 대출 성장세가 둔화될 것으로 전망되며, 시장금리 하락, 예대율(예금 대 대출의 비율) 관련 정부 정책 등의 영향으로 순이자 마진이 하락하고 이자수익이 축소될 것으로 예상된다. 또한 금리 하락 영향으로 보험 업종에서도 성장세 및 수익 증가세가 둔화될 것으로 전망된다. 금융권에서는 지점에 방문 없이 전화 · 인터넷 · 홈쇼핑 등을 통한 '비대면 거래'가 늘고 있어 인력 감축이 이어질 것으로 보인다.

디지털 전환으로 점포 축소와 비대면 거래가 늘어나면서 은행 인력의 수요가 줄어들고 있다. 은행권은 정부 기조에 맞춰 눈치를 보느라 선뜻 채용 계획을 내놓지 못하고 있다. 이에 따라 금융 및 보험 업

금융·보험 업종 일자리 증감 추이

(단위: 천 명, %)

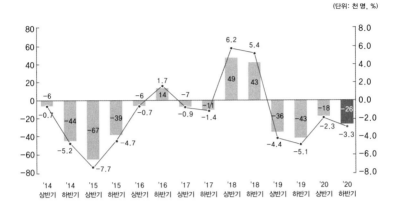

* 출처 : 한국고용정보원

종 고용 규모는 2020년 상반기와 비슷한 수준에 머물 것으로 예상된다. 2021년 상반기 고용 규모는 전년 동기 대비 0.1%(1,000명) 감소할 것으로 전망된다.

하나은행은 공채와 수시채용을 합쳐 150명이다. 공채 분야는 글로벌, 디지털, 자금·신탁, 기업금융(IB) 등 4개다. 필기시험은 2020년 11월 초에 실시한다. 시중은행의 채용문이 다시 열렸지만 규모가 2019년보다 많이 축소됐다. 코로나19로 인한 수익성 악화와 영업점 폐쇄 등으로 '채용 가뭄'이 본격화된 모습이다.

가장 먼저 채용 공고를 낸 신한은행도 마찬가지다. 신한은행은 2020년 하반기 일반직 신입 행원 공개채용과 디지털·ICT 분야 수시채용 등을 모두 합해 총 250명을 뽑기로 했다. 2019년에 신한은행은 신입 행원 공채와 경력직 수시채용을 포함해 상반기 630명, 하반기 350명 등 1,000여 명을 뽑았다. 우리은행의 경우 일반·디지털 · IT 분야를 합쳐 총 200명을 뽑는다고 공고했다. 지난해에는 상반기 300명, 하반기 450명 등 총 750명을 채용한 바 있다. 2020년 공채 규모가 줄어든 것은 코로나19 여파 속 수익성 악화로 인한 비대면 활성화와 영업점 축소의 영향이다.

금융감독원이 발표한 2020년 상반기 금융지주 경영 실적에 따르면, 10개 금융지주회사의 당기순이익은 전년 동기 대비 11.0% 줄었고, 권역별로 봤을 때 은행의 수익이 14.1% 감소한 것으로 나타났다. 은행 수익 감소에는 코로나19로 인한 대손충당금 적립 영향이 컸다. 2020년 상반기(6월 말 기준) 국내 17개 시중은행의 점포 수는 전년 동기보다 총 146개 줄었다. 금융권에 따르면 "영업점이 줄어 근무 인력이 다른 분야로 재배치되고, 일반 신규 채용이 줄어든 분위기"라며 "하지만 디지털 분야 인재에 대한 수시채용이 확대되고 있다."

건설 업종

2020년 건설 · 토목 · 부동산 · 임대 업종은 코로나19 사태로 2020년 8월까지 10만 명 이상 감소 추세를 보였다. 건설 경기는 2021년 부정적 전망이 우세하다. 정부와 여당의 지속적인 주택시장 규제 역시 건설업계를 어렵게 하고 있다. 재건축, 재개발 등 정비사업의 규제로 인해 매출은 점점 줄어들고 있다. 정부가 한국판 뉴딜로 제시한 사회간접자본(SOC : Social Overhead Capital, 경제활동이나 일상생활을 원활하게 하기 위해 간접적으로 필요한 시설 · 도로 · 항만 · 철도 등) 관련 대책은 물론 국가균형발전프로젝트, 도시재생산업 등의 커다란 프로젝트를 중심으로 10년에 걸쳐서 투자할 것으로 전망된다. 2021년 상반기 고용

건설 업종 일자리 증감 추이

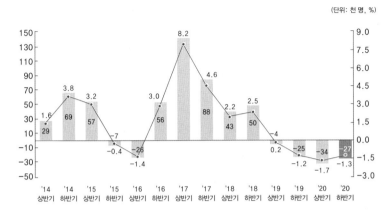

(단위: 천 명, %)

* 출처 : 한국고용정보원

규모는 전년 동기 대비 0.1%(1,000명) 감소할 것으로 예상된다.

현대건설이 필리핀 교통부가 발주한 3,838억 원 규모의 철도공사를 수주했다. 하지만 건설업계의 채용 문턱이 높아지고 있다. 해외 수주 여건이 악화된 데다 국내 건설시장 파이도 줄어들면서 인력 감축 기조가 지속되고 있다. 코로나19로 고용시장은 더 위축될 가능성이 커졌다. 삼성물산, 한화건설, 롯데건설 등 일부 대기업 계열 건설사는 최근 그룹 공채를 통해 신입사원 채용을 진행했지만, 상당수 대형 건설사는 상반기 신입사원 공채를 진행하지 않거나 경력직을 수시 모집할 예정이다.

건설사 시공능력평가 1위 삼성물산의 경우 지난 2017년 말 기준 4,846명(정규직, 무기계약직 포함, 기간제, 일용직 근로자 제외)이던 건설 부문 인력이 지난해 말 4,532명으로 300명 이상 줄었다. 같은 기간 현대건설 직원 수도 4,441명에서 4,366명으로 감소했다. GS건설은 플랜트 · 전력 · 건축 · 인프라 등 4개로 운영하던 사업부를 플랜트 · 건축주택 · 인프라로 재편하면서 직원 일부를 건축주택 부문에 재배치했지만, 2년 새 회사 전체 인력은 300명 가까이 줄었다.

GS건설은 현재 건축 시공과 설비 시공 분야에서 경력자를 소규모로 채용 중이다. 2020년 하반기에는 신입사원을 채용하겠다는 잠정 계획만 있을 뿐 구체적인 시기와 인원 등은 미정이다. 건설업계 채용이 위축된 것은 최근 3~4년 동안 해외 수주 여건이 악화한 데다 국내 주택건설업도 전망이 밝지 않다는 판단 때문이다. 특히 최근에는 코로나19로 인한 경기침체 우려까지 겹쳐 사람을 뽑는 것을 더 주저할 가능성이 높아졌다.

철강 업종

2019년 전기로를 중심으로 감소했던 조강 생산으로 2020년에도 건설 관련 수요가 축소되면서 감소세를 지속할 것으로 예상된다. 철강재 역시 건설경기 침체 등 전반적인 국내 수요 산업의 부진, 전 세계 철강 수요 성장세 둔화, 수출 경쟁 심화 등의 영향으로 생산 증가세가 제한적일 것으로 전망된다. 이에 따라 철강 업종의 고용은 2020년 상반기와 비슷한 수준을 유지할 것으로 예상된다. 2021년 상반기 고용 규모는 전년 동기 대비 0.8%(1,000명) 감소할 것으로 전망된다.

포스코가 2020년 하반기 대졸 신입사원 공개채용을 시작했다. 포스코는 대졸 신입 채용과 함께 고졸 생산기술직 인턴도 함께 채용 중이다. 포스코는 코로나19로 채용 정보가 부족한 구직자를 위해 랜선 리크루팅 설명회를 개최한다. 포스코인터내셔널, 포스코건설도 같은

철강 업종 일자리 증감 추이

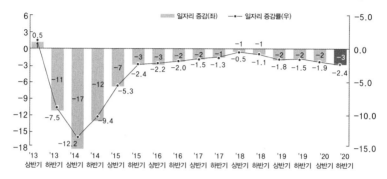

(단위: 천 명, %)

* 출처 : 한국고용정보원

날 채용을 실시한다. 계열사 간 중복 지원은 할 수 없다. 포스코의 대졸 하반기 신입사원 채용 모집 분야는 이공계, 생산기술, 설비기술, 공정기술, 환경, 안전, AI빅데이터, 인문계(마케팅, 구매, 재무, 경영지원) 등이다. 지원 자격은 대학 평균 성적 70점(100점 만점, 2.8점/4.5만점) 이상으로 어학 성적은 이공계 토익스피킹 110점(오픽 IL), 인문계 토익스피킹 150점(오픽 IM3)이어야 한다. 채용 절차는 인적성검사(PAT), 1차 직무역량면접, 2차 가치적합성 면접 등이다. 포스코는 구직자들에게 취업 정보를 제공하기 위해 '선배 사원에게 듣는 랜선 설명회'를 9월 8일~10일간 화상 시스템 줌(zoom)을 통해 진행했다. 포스코인터내셔널은 영업, 관리 자원개발 분야에서 채용이 이뤄진다. 미얀마 가스전 생산운영 직무의 근무지는 미얀마라는 것을 지원 전에 알아둬야 한다. 지원 자격 사항에서 어학 성적은 포스코보다 조금 높다. 토익스피킹 160점, 오픽 IH 이상만 가능하다. 그리고 채용 과정에서 인적성검사(PAT) 대신 AI역량검사를 실시한다.

포스코는 대졸 채용과 함께 고졸, 초대졸, 대졸자 모두 지원 가능한 생산기술직 채용형 인턴도 모집 중이다. 모집 분야는 조업, 정비, 철도, 크레인, 화학, 컴퓨터, 건축토목, 환경 등이다. 2차 면접 합격자는 계약직 인턴으로 6개월간 근무 후 평가에 따라 정규직으로 전환된다. 인턴 기간에는 2개월간 포스코 인재창조원에서 합숙을 통해 직무 공통 교육을 받으며, 이후 4개월간 현업 부서에 배치되어 업무 교육을 받게 된다. 포스코 인적성검사(PAT)는 온라인 인성검사, 적성검사, 상식 3과목으로 구성되었다. 1차 실무면접에서는 인성, 직무, 채용 검진을 하며, 2차 면접에서는 조직 가치 적합성 평가와 함께 서술형 시험(시사, 가치관 등)도 있다.

자동차 업종

코로나19 등에 따른 글로벌 자동차 수요 감소로 수출 부진이 지속되었다. 하지만 자동차 내수 진작 정책 등으로 내수 생산이 소폭 증가할 것으로 기대된다. 2020년 3월부터 개별소비세 인하 확대 시행, 다양한 신차 출시에 따른 판매 호조 효과, 업계별 특별 할인 및 할부 혜택 프로모션 및 마케팅 강화 등으로 자동차 업종 일자리는 감소세가 둔화될 것으로 전망된다. 하지만 8월에 접어들면서 코로나19 재확산과 현대·기아차 주요 공장 휴업 등의 영향으로 개별 대면 마케팅 활동이 줄어들면서 판매량이 떨어지고 있다. 4차 산업혁명의 흐름에 따라 자율주행이나 IoT 등 이종 분야로의 진출이 가능하다는 산업의 성장 가능성을 비춰봤을 때, 향후 채용 동향이 무조건 비관적이지만은 않을 것이다. 2021년 상반기 고용 규모는 전년 동기 대비 0.6%(2,000명)감소할 것으로 예상된다.

현대자동차의 인재상이 사라진 것도 상시채용의 특징이다. 이제 특정 인재상을 바탕으로 선발하지 않는다. 4차 산업혁명으로 급변하는 경영환경 속에서 기계와 소프트웨어를 모두 다룰 줄 아는 열린 인재를 찾고 있다. 현대차는 기존 직무뿐 아니라 2025전략으로 미래차 시장을 개척하는 영역에서도 인재를 찾고 있다. 이에 따라 도심 항공 모빌리티(UAM, Urban Air Mobility) · 전동화 및 친환경 · 커넥티드카 · 자율주행 부문의 인재 확보에도 공을 들이는 중이다.

'스마트 모빌리티 솔루션 기업'으로 도약을 선언하면서 현대자동차가 2019년 3월에 먼저 상시채용 제도를 도입했다. 현재까지는 '연중 상시채용을 통한 지원 기회 확대, 직무 정보 · 근무지 등 지원자 선호 직무의 명확한 전달' 등 소기의 성과를 달성했다는 평가다. 지원자의 안전을 위해 기존 필기 및 면접을 언택트 방식으로 진행하고 있다. 상시채용 제도가 정착함에 따라 '선(先) 현업 채용, 후(後) 본사 검증' 과정을 도입했다.

필요한 인력을 수시로 현업에서 뽑는 인재 채용의 혁신은 현대자동차그룹 정의선 회장의 강한 실행력을 갖춘 애자일 경영과 맞닿아 있다. 인적성검사를 '비대면 온라인 인성검사'로 대체했다. 비대면인 서류전형은 기존과 동일하게 현업에서 필요한 직무별 요구 역량을 중점적으로 살핀다. 면접전형은 2020년 3월부터 화상으로 대체하고 해외 인재 및 경력사원 채용에 한해 실시한 화상면접을 전체 채용 전형에 도입한 것이다. 상시채용은 모든 선발 과정이 직무 전문가를 뽑

자동차 업종 일자리 증감 추이

(단위: 천 명, %)

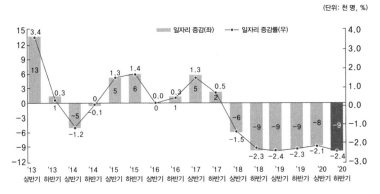

* 출처 : 한국고용정보원

기 위해 설계되었다. 과거처럼 스펙을 쌓고 자소서와 면접 준비에 시간과 돈을 쏟는 건 무의미하다. 상시채용은 직무 역량을 갖췄는지 여부가 관건이다. 관련 지식, 기술, 트렌드 파악을 위한 노력 등 모든 것이 직무 역량에 포함된다. 해당 직무의 전공자라면 전공 과목을 많이 듣고 프로젝트 수행 경험이 많을수록 좋으며 비전공자라도 청강 등을 통해 지식과 실력을 쌓는다면 직무 역량을 강조하는 데 도움이 된다.

섬유 업종

중국의 성장세 둔화, 베트남 등 해외 생산기지의 원부자재 현지 조달 확대 등의 영향으로 수출이 감소할 것으로 예상된다. 민간 소비 회복 지연에도 불구하고 모바일 등 온라인 의류 시장이 커지면서 내수 수요는 소폭 개선될 것으로 전망되나 국내외 섬유 수요 감소, 해외 생산 및 역수입 확대 등으로 국내 생산은 소폭 감소할 것으로 전망된다. 이에 따라 섬유 업종의 2021년 상반기 고용 규모는 전년 동기 대비 2.9%(5,000명) 증가할 것으로 전망된다.

코로나19 장기화로 이른바 국내 섬유산업이 더 이상 버티기 힘든 지경까지 내몰리고 있다. 경기 변동에 매우 민감한 데다 업체 수가 4만 5,000여 개에 이를 만큼 영세한 구조를 띠고 있기 때문이다. 경제 규모 상위 15위권 국가 중 유일하게 세계적인 의류 브랜드가 없다. 산업 전반이 급성장하면서 뛰어난 의류 제조 기술력을 갖췄고, 유행에 민감해 소비자의 패션 수요가 많은 것을 감안하면 이례적이다. 스페인 자라, 스웨덴 H&M, 일본 유니클로 등의 약진을 지켜보면서 한국 역시 제조·직매형 의류(SPA) 산업에 뛰어들었지만, 아직 세계 시장에서 이렇다 할 좋은 성적은 내지 못한 상황이다. 비대면이 일상이 되면서 직접적인 매출 타격을 입고 있는 섬유업종의 고용지표는 특히 나쁘다. 2020년 8월 섬유·의류 업종 취업자 감소 폭은 2만 5,000명(전년 동기 대비)에 이른다. 통계청과 관세청 자료를 보면, 국내 의복 매출은 지난해 같은 기간과 비교하여 1~7월에는 6.1~31.4%, 섬유 수출은 1~8월에 9.1~44.3% 각각 줄어들었다. 규모가 워낙 영세하다 보니 금융기관에서 자금을 융통하기도 어려운 처지다. 원료·원사, 원단(편물·직물), 봉제·의류 등 섬유산업에 속한 총 4만 5,752개 업체 가운데 10인 미만 영세기업이 차지하는 비중은 무려 88%다.

롯데그룹은 2020년 유튜브 채널 '엘리크루티비'를 개설, 주요 직군의 업무 등을 담은 브이로그 등 채용 전용 콘텐츠를 업로드하고 있다. 롯데면세점은 양일간 진행된 신입사원 공채 면접에 온라인 화상 시스템을 통한 언택트(untact, 비대면) 면접 방식을 도입했다. 롯데면세

섬유 업종 일자리 증감 추이

(단위: 천 명, %)

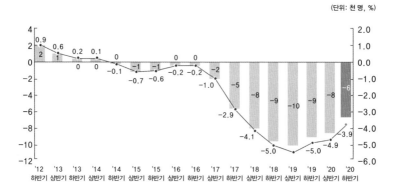

* 출처 : 한국고용정보원

점의 정기공채는 역량 면접, PT 면접, 임원 면접 등이 모두 화상으로 진행되며 합격자는 신입사원으로 입사하게 된다. 롯데면세점은 인재 채용 방식뿐만 아니라 인재 확보에서도 디지털 혁신에 속도를 내고 있다. 롯데면세점은 2020년 6월 말 DT · IT 전문가 확보를 위한 수시채용을 롯데 계열사 최초로 진행했다. 연중 상시채용을 통해 '맞춤형 우수 인재'를 유연하게 확보하기 위한 전략으로, DT · IT 전문 인력을 더욱더 빠르게 확보해 디지털 혁신에 역량을 기울이겠다는 인사 정책에 따라 이루어졌다. 앞으로 인턴들은 8주간의 인턴십을 통해 직무 전문성, 조직 적합성, 실무 능력 등을 평가받게 되며, 전환 면접을 거쳐 2021년 상반기 공채 신입사원으로 채용될 예정이다.

롯데 계열사들도 게임체인저가 되기 위한 새로운 시도에 나서고 있다. 롯데칠성음료와 롯데정보통신은 경기 안성에 스마트팩토리를 구축하고 있다. 스마트팩토리는 수요, 생산, 재고, 유통 등 전 과정에 디지털 신기술을 활용해 생산성과 품질을 향상시키는 지능화된 공장이다. 롯데칠성음료의 국내 6개 공장 중 가장 큰 규모인 안성공장은 칠성사이다를 포함해 탄산, 주스, 커피 등 칠성의 주력 제품을 생산하고 있다. 롯데는 이곳에 5년간 약 1,220억 원을 투자해 스마트 팩토리를 구축한다는 계획을 세우고, 2018년 하반기부터 이를 추진해왔다. 롯데그룹은 유통을 비롯해 식음료 제조, 영화, 여행 등 다양한 소비 영역에 걸쳐 계열사를 보유하고 있다. 그동안 따로 움직여온 계열사들을 유기체처럼 결합시키는 디지털 혁신을 추진할 전망이다.

03 기업 분석의 노하우 5가지

산업과 업종에 대해 배경지식을 쌓았다면 본격으로 기업 분석을 꼼꼼히 해야 한다. 구글에서 키워드 하나만 검색해도 나오는 각종 기사와 블로그, 카페 정보들 중에 어떤 것을 믿어야 하는가? 기업별 채용 정보에는 회사의 정책과 비전이 숨어 있다. 예를 들어 LG가 상시 채용을 하겠다고 했다면 그 행간의 의미를 읽어야 한다. 적어도 1년 정도의 산업이 어떻게 변하고 있는지 내다볼 정도는 알고 있어야 한다. 이런 채용 트렌드는 취업 준비에서 매우 중요한 안목을 기르는 데 필요하다. 기업 분석을 하려고 컴퓨터 앞에 앉았지만 어디서부터 시작해야 할지 막막했다면 이제 기업 분석의 노하우 5가지를 알아보자.

1. 해당 기업 홈페이지에 나오는 기업 소개, 인사말, 인재상, 비전, 핵심가치, 직무 소개 등을 활용하자

전체적인 기업 분위기는 기업 홈페이지에서 쉽게 찾을 수 있는데, 기업 소개, 인사말, 경영이념, 인재상, 비전, 핵심가치, 직무 소개 등 지원자가 꼭 알아야 할 기본 정보가 친절하게 나와 있다. 대표적인 제품이나 브랜드, 서비스 확인도 가능하다. CJ그룹 홈페이지에는 직무에 대해 자세히 나와 있으니 참고하기 좋다. 기업이 지금 가장 홍보하고 싶은 것은 보도자료이다. 짧은 기간 내에 기업 분석을 원하는 취준생들은 기업 홈페이지의 보도자료만 읽어도 좋다. 먼저 지원 기업 홈페이지의 보도자료를 시간 순서대로 확인할 것을 추천한다. 보도자료를 통해 핵심 이슈를 파악한 후에는 능동적인 리서치를 통해 객관적인 시각을 갖는 것이 중요하다.

2. 기업의 사업 영역에 대해 자세히 알고 싶다면 IR 자료를 참고하자

공시 자료를 열람해보는 것도 효과적인 기업 분석 노하우이다. 금융감독원 전자공시시스템을 이용하면 사업보고서나 분기보고서 혹은 IR 관련 자료 검색을 통해 현재 기업의 이슈와 전망을 확인할 수 있다. 재무제표의 경우 자산의 증가, 감소, 전체 매출액, 영업이익 정보를 파악하여 기업의 전반적인 운영 방식을 알아볼 수 있다. 보도자료는 대중을 대상으로 좀 더 쉽게 쓰여진 PR 자료라면, IR 자료는 투자자들을 대상으로 좀 더 전문적인 내용과 분기별 매출 현황을 확인할 수 있다. IR 자료에는 매년 발간되는 사업보고서와 전자공시시스템 Dart(http://dart.fss.or.kr/)에도 올라가는 분기/반기/연간 실적 발표 등이 해당된다. 기업보고서를 다 읽을 필요는 없어도 사업 현황 목차라도 훑어보면 좋다. IR 자료를 통해 기업의 재무 상태에 큰 변화를 일으키는 이슈도 확인할 수 있는데, 분기보고서를 통해 해당 분기에 어떠한 시장 상황, 신제품 출시, M&A 등으로 인해 매출, 영업이익, 가입자 수 등이 상승 혹은 하락했는지 판단할 수 있다. 형식도 잘 만들어져서 읽기 편하고, 기사에서는 찾기 어려운 깊이 있는 내용도 들어 있다.

3. 기업의 올해 목표가 궁금하다면 CEO의 신년사를 살펴보자

CEO의 신년사를 보면, 신규사업, 업계 현황, 앞으로의 비전, 기업문화와 새로운 먹거리에 대해 알 수 있다. 이를 통해 그 기업에 맞는 지원 동기 혹은 입사 후 포부를 쓴다면, 기업의 현안에 대해 잘 파악하고 있다는 인상을 줄 수 있다. 예를 들어 현대자동차그룹 정의선 회장이 2020년 신년사에서 "전기자동차 시장의 리더십을 확고히 하기 위해 전용 플랫폼 개발과 핵심 전동화 부품 경쟁력 강화를 바탕으로, 2025년까지 11개의 전기차 전용 모델을 포함하여 총 44개(하이브리드 13종, 플러그인 하이브리드 6종, 전기차 23종, 수소전기차 2종)의 전동화 차량을 운영할 계획"을 밝혔다.

신세계그룹 정용진 부회장은 "결국 답은 고객의 불만에서 찾아야 한다"며 고객의 중요성을 강조했다. 효성그룹 조현준 회장은 '특이점(singularity)'의 시대에 주목했다. 모든 분야에서 업의 개념, 게임의 룰이 바뀌고 있다는 조 회장은 "변화는 나무 하나만 봐서는 알 수 없고, 숲을 봐야 한다"며 "숲은 고객들이 살아가는 터전이고, 숲을 더 풍성하게 만들어야만 그 생태계 안에서 효성도 같이 혜택을 누릴 수 있다"고 말했다. 고객이 더 이익을 내고 성장할 수 있는 길을 찾자는 것이다. '숲속의 고객을 보는 기업, 그리고 그 숲을 더욱 풍성하게 하는 기업'을 만들자며 신년사를 마무리했다. 이와 같이 CEO나 임원의 메시지를 찾아서 읽어보는 것만으로도 채용에서 유리한 고지를 점할 수 있다.

4. 산업에 대한 전반적인 정보는 증권사 리포트, 연구소 리포트 등을 참고하자

주식 투자자들은 애널리스트들이 쓴 증권사 리포트를 통해 주식을 매수 혹은 매도할지 판단한다. 증권사 리포트를 통해 산업 및 기업에 대한 인사이트를 얻을 수 있다. 앞선 보도자료, IR 자료가 기업의 입장에서 서술된 것이라면 증권사 리포트를 통해서는 조금 다른 외부의 관점에서 기업에 대한 분석을 할 수 있다는 장점이 있다. 해당 기업의 재무제표를 보고 어떻게 해석할지 어려움을 겪었다면, 애널리스트들이 친절하게 분석해놓은 리포트를 참고하면 좋다. IT나 철강, 조선 등 큰 규모의 산업 분야이면 매년 산업 분야에 대한 예측이나 리뷰를 찾아보면 좋다. SK증권, NH투자증권, 키움증권 등 다양한 증권사의 최신 산업분석, 기업분석 리포트를 찾아서 교차 분석을 해보자.

5. SWOT 분석 프레임을 통해 기업 분석을 해보자

스스로 기업 분석을 해보는 게 가장 좋겠지만 SWOT 등의 프레임워크로 분석한 리포트를 보고 기업 분석의 가이드라인을 먼저 습득해보는 것도 좋은 방법이다. 내외부 환경을 분석하여 나아갈 방향을 가장 단순하면서도 선명하게 보여주는 방법이 SWOT 분석이다. SWOT는 내부적인 강점(Strengths), 약점(Weaknesses)과 외부적인 기회(Opportunities), 위협(Threats)이라는 4가지 영어 머리글자를 조합한 용어다. 제품의 생산에서 판매까지 과정을 간략하게 질문하고 답변을 적어보자. 기업 분석을 할 때도 혼자 하지 말고, 다양한 정보를 공유하기 위해 스터디를 준비하는 것도 좋다. 효율적인 기업 분석을 위해서는 스터디에 참여하여 서로의 기사를 비교해보고 정확한 정보를 공유해본다. 기사 내용, 기업 정보, 채용 방향까지 더 정확한 정보를 얻을 수 있다. 사전에 알아보고 실수도 예방할 수 있어서 추천하는 방법이다. 기업을 제대로 분석하고 싶다면 직접 경험하는 것이 제일 좋다. 원하는 기업의 인턴 경험을 통해서 자신이 지원하려는 직무가 어떤 일을 하는지, 잘할 수 있는지 알아보는 것이다. 2021년 업종별 채용 트렌드를 통해서 남들을 따라가지 말고 자신만의 전략을 세워야 할 것이다.

참고문헌

· 공태윤, 〈SK하이닉스 지원자에 '면접 피드백'…SKT, 화상 채용 상담〉, 한국경제신문, 2020. 9. 16.

· 김순환, 〈현대건설, 3,838억 원 규모 필리핀 철도공사 수주〉, 2020.09.21.

· 김연숙, 〈하나은행도 공채 뜬다…수시채용 합쳐 150명 채용〉, 연합뉴스, 2020. 9. 16.

· 김지민, 〈인사 담당자가 피하는 유형〉. 한경 매거진, 2019.08.01

· 남라다, 〈불붙은 '페이 전쟁'…신세계는 '한지붕' 쿠팡은 '분가'로 승부〉, 뉴스핌, 2020. 4. 2.

· 박동휘, 〈'뉴 롯데'의 비상…신소재 투자 · 디지털 전환에 힘 싣는다〉, 한국경제신문, 2020. 10. 11.

· 서종갑, 〈상시채용 자리잡은 현대차 …"인재상 없애고 직무적합성 중시"〉, 서울경제, 2020. 9. 10.

· 안준형, 〈네이버와 카카오엔 인재상이 없다〉, 비즈니스와치, 2018. 4. 2.

· 유한빛, 〈안 뽑을 수는 없고 여력은 안되고… 공채 대신 경력 뽑는 건설업계〉, 조선비즈, 2020. 4. 21.

· 윤태석, 〈성실한 직원 선호하던 기업들, 불황기 인재상은 달라진다〉, 한국일보, 2020. 5. 26

· 이다원, 〈하반기 채용 계획, 금융 · 보험 넘치고 여행 · 항공 줄고〉, 이투데이, 2020. 8. 20

· 이만재, 〈포스코그룹 3개사, 대졸 공채…18일까지 원서접수〉, 영남매일, 2020. 8. 31.

· 이한듬, 〈젊어진 LG '실용주의' 신바람〉, 머니S, 2019.06.11.

· 임준호, 〈현대건설기계, 아프리카서 지게차 등 산업차량 100여대 수주〉, 중소기업뉴스, 2020. 10. 16.

· 잡코리아X알바몬 통계센터, 〈기업 49.7% "불황기 인재상 평소와 달라"〉, 잡코리아, 2020. 5. 26.

· 조계완, 〈뿌리산업 · 섬유업종, 코로나에 휘청〉, 2020. 9. 16.

· 최재홍, 〈아마존고, 아직 '미래형 상점'쯤으로 보이세요?〉, 삼성전자 뉴스룸, 2018. 3. 15.

· 최지희, 〈삼성 하반기 대졸 공채 시작…예년 수준 수천 명 규모될 듯〉, 조선비즈, 2020. 9. 7

· 한동희, 〈두산인프라코어, 사우디서 50톤 대형 굴착기 10대 수주〉, 서울경제, 2020. 9. 3

· 한국고용정보원, ≪2020 하반기 주요 업종 일자리 전망≫, 한국고용정보원, 2020.
· 한국고용정보원, ≪한국직업사전 통합본 제5판≫, 한국고용정보원, 2020.

미래의 10대 유망직업
커리어코치 1급 양성과정

교육 기간
3일 과정 21시간

교육목표
개인의 커리어 비전 및 커리어 로드맵 작성
인재들의 진로지도 및 커리어 경력관리를 도와줄 수 있는 코치 양성

교육대상
커리어코칭에 관심을 가진 분
인사(HRM), 교육(HRD), 노무, 채용담당자
서치펌 헤드헌터 및 아웃플레이스먼트 업무에 종사하는 컨설턴트
대학 커리어센터, 고용안정센터, 경력상담센터에 근무하는 경력관리자
진로교육에 관심이 많은 교사, 일반인, 취업 코칭에 관심 있는 분

담당 교수진

하영목 회장 : ㈜스타코칭 대표, 아주대 겸직교수

윤영돈 부회장 : 윤코치연구소 소장

최진희 부회장 : 커리어비전 대표

정선미 이사 : 소마리베 대표

한민수 이사 : IGL 코칭그룹 대표코치

남상은 이사 : TLP 교육디자인 연구소장

한혜정 이사 : 진로디자인코칭연구소 소장

특 전 : 커리어코치협회 자격증

교육비 : 50만 원(세금계산서 발행 시 10% 부가세 별도)

문의 : 커리어코치협회 http://www.careercoach.or.kr (02-2661-1385)

미래의 직업! 채용전문가가 뜬다!

한국바른채용인증원
채용전문면접관 자격과정

1단계 **채용전문면접관 2급 자격 (8H)**
채용이론 및 법률의 이해를 바탕으로 효과적인 면접 질문과 척도(BEI 중심)를 활용하여
지원자의 역량을 평가할 수 있는 능력을 갖춘다.

2단계 **채용전문면접관 1급 자격 (16H)**
평가센터(Assessment Center)에 대한 이해를 바탕으로 다양한 시뮬레이션 면접 도구를 활
용하여 지원자의 역량을 평가할 수 있는 능력을 갖춘다.

3-1 단계 **바른채용경영시스템 RRMS심사원 (16H)**
바른채용경영시스템 RRMS에 대한 이해를 바탕으로 각 항목별 인증요구사항에 대한 감
사 및 보고서 작성 능력을 갖춘다.

3-2 단계 **VR(가상현실)면접 역량평가사 (16H)**
VR 가상면접 시뮬레이션에서 응시자의 면접 녹음파일을 바탕으로 역량을 평가하고 역
량개발 피드백을 제공하는 능력을 갖춘다.

4단계 **채용 감사인 (16H)**
채용 면접의 현장에 참여하여 각 단계별 관찰을 통해 공정하고 적합한 채용이 이루어지
는 가의 여부를 평가하여 피드백하는 능력을 갖춘다.

관련 문의 및 신청
한국바른채용인증원 www.krrca.co.kr(02-6014-0754)

채용트렌드 2021

초판 1쇄 인쇄 2020년 11월 13일
초판 1쇄 발행 2020년 11월 23일

지은이 윤영돈
펴낸이 이범상
펴낸곳 (주)비전비엔피 · 비전코리아

기획 편집 이경원 차재호 김승희 고연경 김연희 황서연 김태은
디자인 최원영 이상재 한우리
마케팅 이성호 최은석 전상미
전자책 김성화 김희정 이병준
관리 이다정

주소 우)04034 서울시 마포구 잔다리로7길 12 (서교동)
전화 02)338-2411 | **팩스** 02)338-2413
홈페이지 www.visionbp.co.kr
인스타그램 www.instagram.com/visioncorea
포스트 post.naver.com/visioncorea
이메일 visioncorea@naver.com
원고투고 editor@visionbp.co.kr

등록번호 제313-2005-224호

ISBN 978-89-6322-172-4 13320

· 값은 뒤표지에 있습니다.
· 잘못된 책은 구입하신 서점에서 바꿔드립니다.

이 도서의 국립중앙도서관 출판시도서목록(CIP)은 서지정보유통지원시스템 홈페이지(http://seoji.nl.go.kr)와
국가자료공동목록시스템(http://www.nl.go.kr/kolisnet)에서 이용하실 수 있습니다.(CIP제어번호: CIP2020046583)